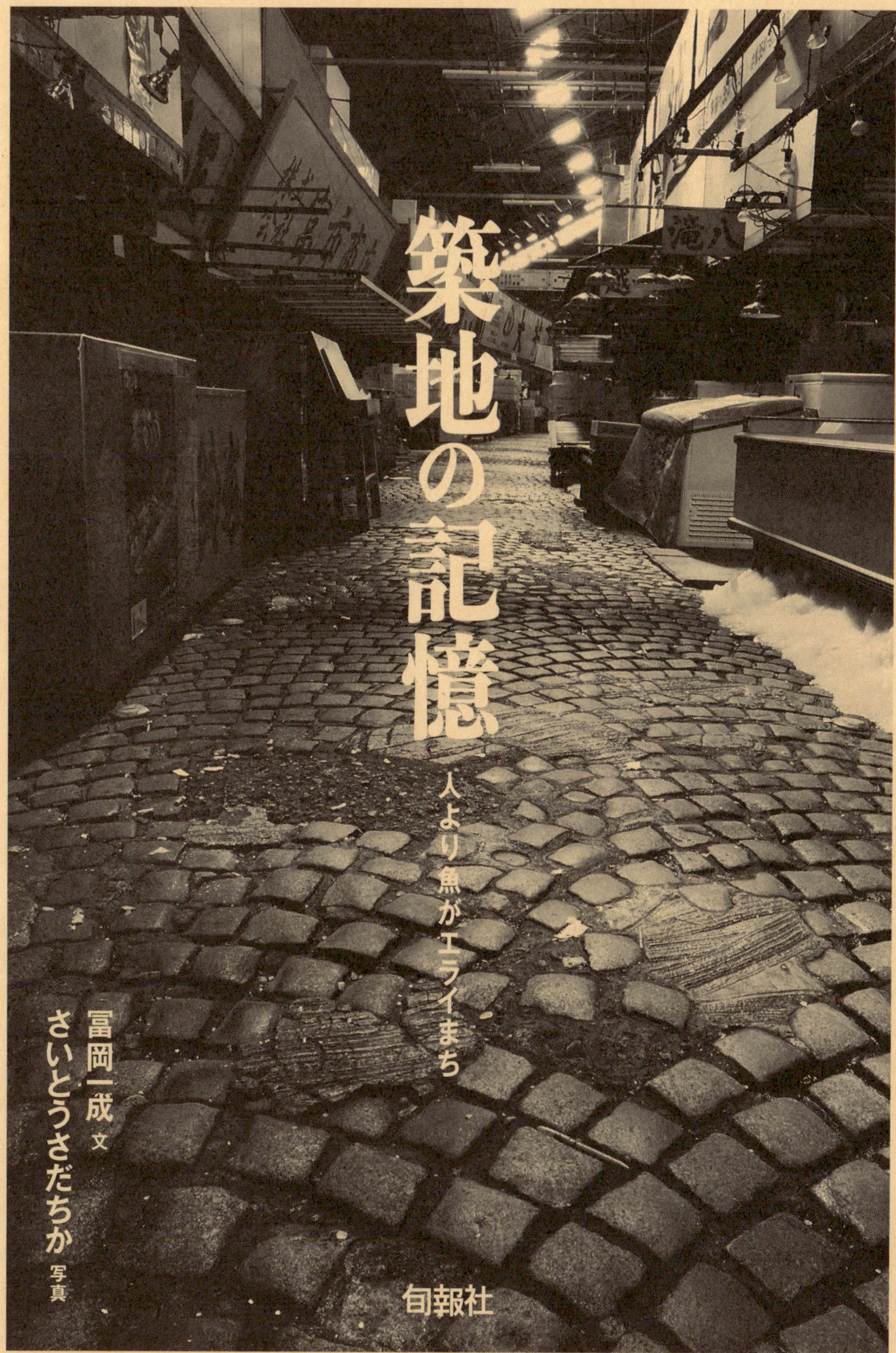

築地の記憶

人より魚がエライまち

冨岡一成 文
さいとうさだちか 写真

旬報社

セリ

セリ落としたマグロを店舗へと運ぶ若い衆。

セリのためにならべられた冷凍マグロ。

梅雨から夏にかけて、冷凍マグロのセリ場には靄がたち込める。

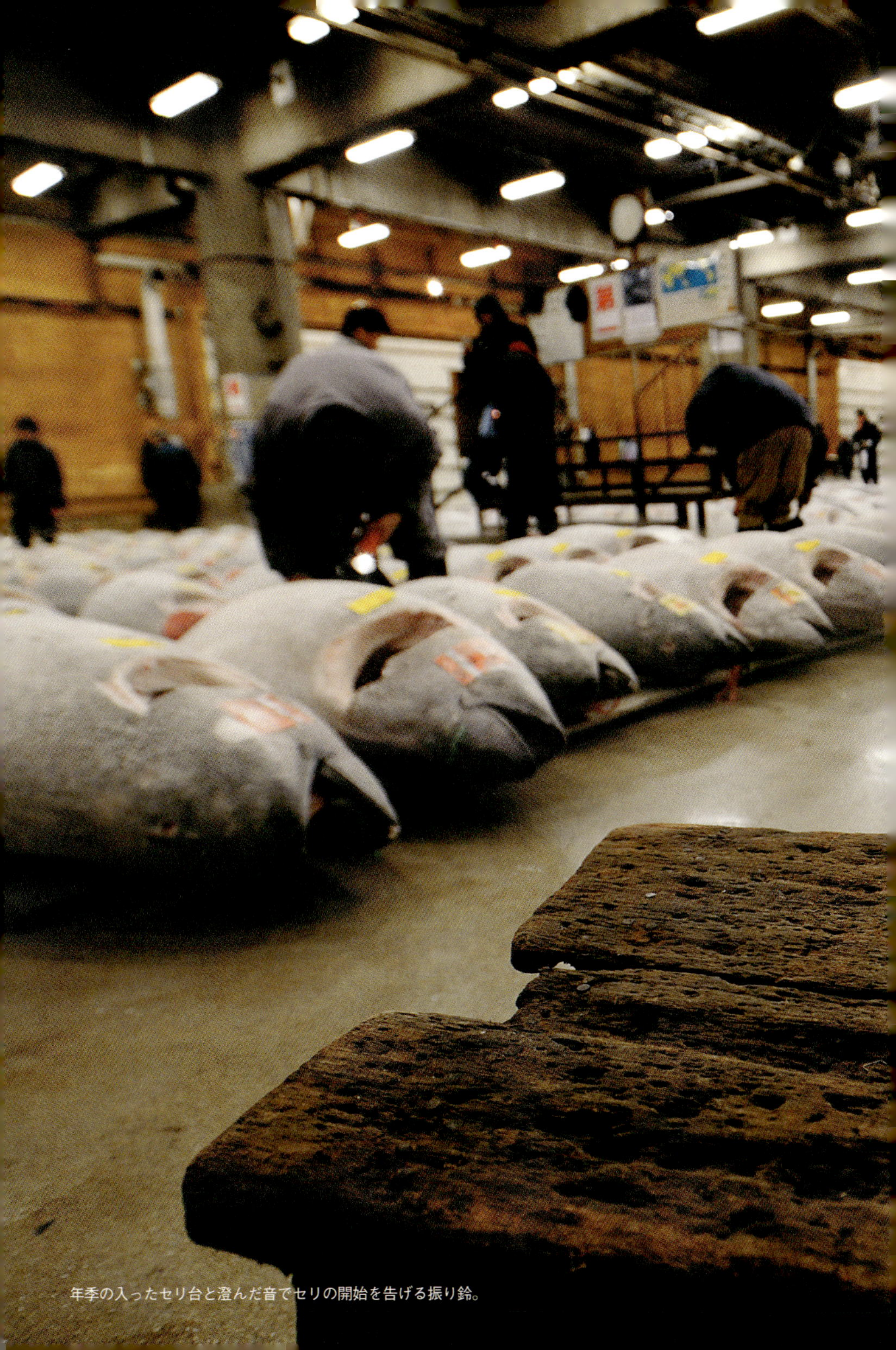

年季の入ったセリ台と澄んだ音でセリの開始を告げる振り鈴。

（上）2016年築地最後の初セリが始まった。（下）尾の部分を確認してセリ値の下づけをする。

(上)セリ場に並んだ艶やかな生マグロ。(下)懐中電灯を使って状態を確認する。

1活魚セリ場 2鮮魚セリ場
3セリ値は指で示す。これは『6』を表す。

チェキラ、チェキラ、ピンマルピンピン……威勢の良いセリ声が響き渡る。

紀州勝浦産。マグロは一匹ごとに産地が記されている。

紀州
勝浦
第一水産株式会社

東の空が明るくなってきた。場内は夜中から明け方が最も混み合う。

1市場ではさまざまなセリが開かれる。こちらはウニ。
23ウニのセリが始まった。皆真剣な表情。

1

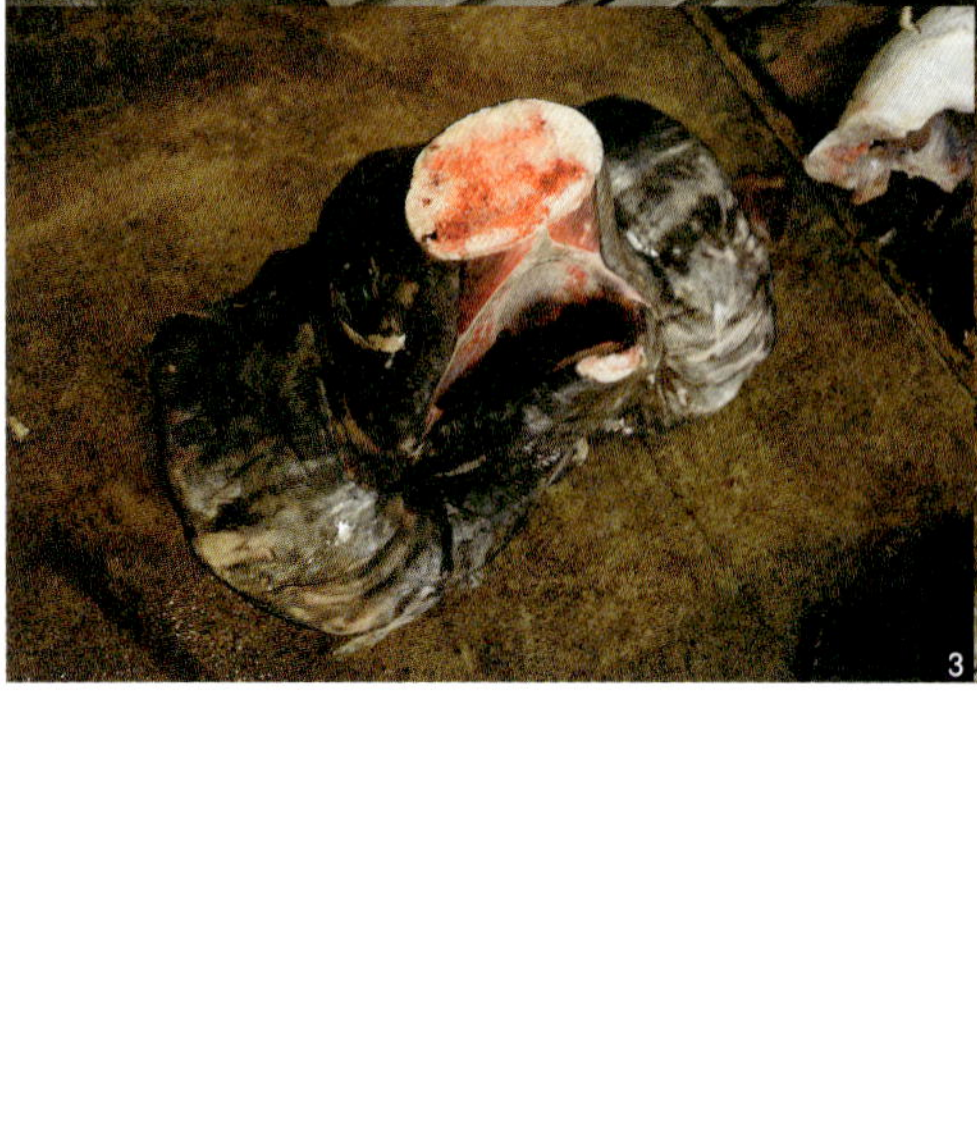

3

2

1だみ声のセリ人に仲卸は無言の手やりで応答。23市場には血がつきもの。メカジキの鼻は危ないので船上で切り落とされる。マグロの尾はセリの下づけのために落とす。

まえがき

河岸の朝はダイナミックだ。若い人も年季の入った人も身体をフルにつかって仕事をしている。その動きは一見無秩序のようだが、実は最適な鮮魚流通のために緻密に計算され、パターン化された行動だったりするのだ。ひとつの意思で動く河岸全体が巨大な生き物みたいで、その息吹に圧倒される思いがする。働く人たちの表情はみな輝いて魅力的だけど、やすやすとそこに入りこめない緊張感を感じた。わたしが河岸の人たちと話せるまでに三年くらいかかっただろうか。いや、長く慣れ親しんだ後も、場内《なか》はいつだって神聖な場所だった。

河岸に入った理由なんて人それぞれだが、いったんここの住人となると、たいていは元の世界に戻りたくなくなるようだ。人間臭くて、それでいてさっぱりしていて、余計な事を考えずに素敵な仕事に集中できる。河岸にはそうした居心地の良さがあった。わたしは二〇代の終わりから四〇代の初めまで厄介になったのだが、思い出しても、それはあっという間で、龍宮城(似ていなくもない)から帰ったら、いつのまにか一五年もたっていた。その間に周囲の人に迷惑もかけたけれど、わたしという個性が否定されたことは一度もなかった。

どんな人間も受け入れてくれる懐の深い河岸が失われるのは、何だか自分の一部が消えてしまうように心もとない。もう河岸の人間ではないのに寂しいものだ。あるいは写真を撮られたさいとうさんも同じ思いかもしれない。何年も河岸に出かけ、たくさんの人と関係を築いたであろうことは、迫力ある写真の人々の表情でわかる。いちど河岸に取り憑かれた者ならきっと感じるだろう喪失感がそこにあるように思える。

あの場所はもうない――この本を、河岸を愛した人の記憶と、河岸を知らない人への記録として残したい。

冨岡一成

築地の記憶

人より魚がエライまち

目次

東京都中央卸売市場
築地市場　配置図

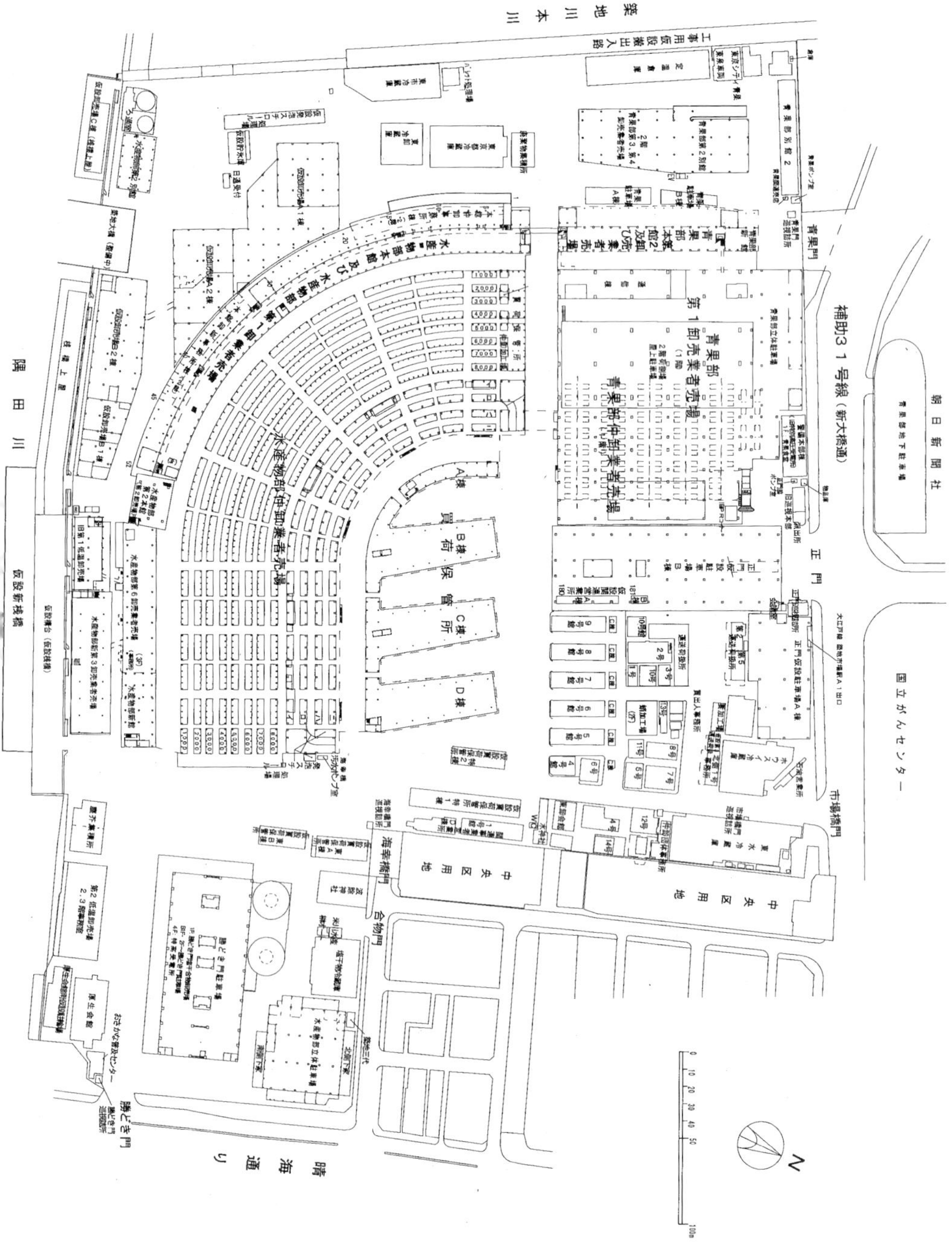

雪の日

雪の仲卸売り場。北陸の古い商家を連想させる。

赤羽

2014年2月8日、東京は雪景色となった。

風も強くなり雪が吹き込んできた。

人気のなくなった場内。ターレのお兄さんだけが楽しそうだった。

どの店も早めに営業を切り上げ、場内には静けさが訪れた。

1章 築地今昔

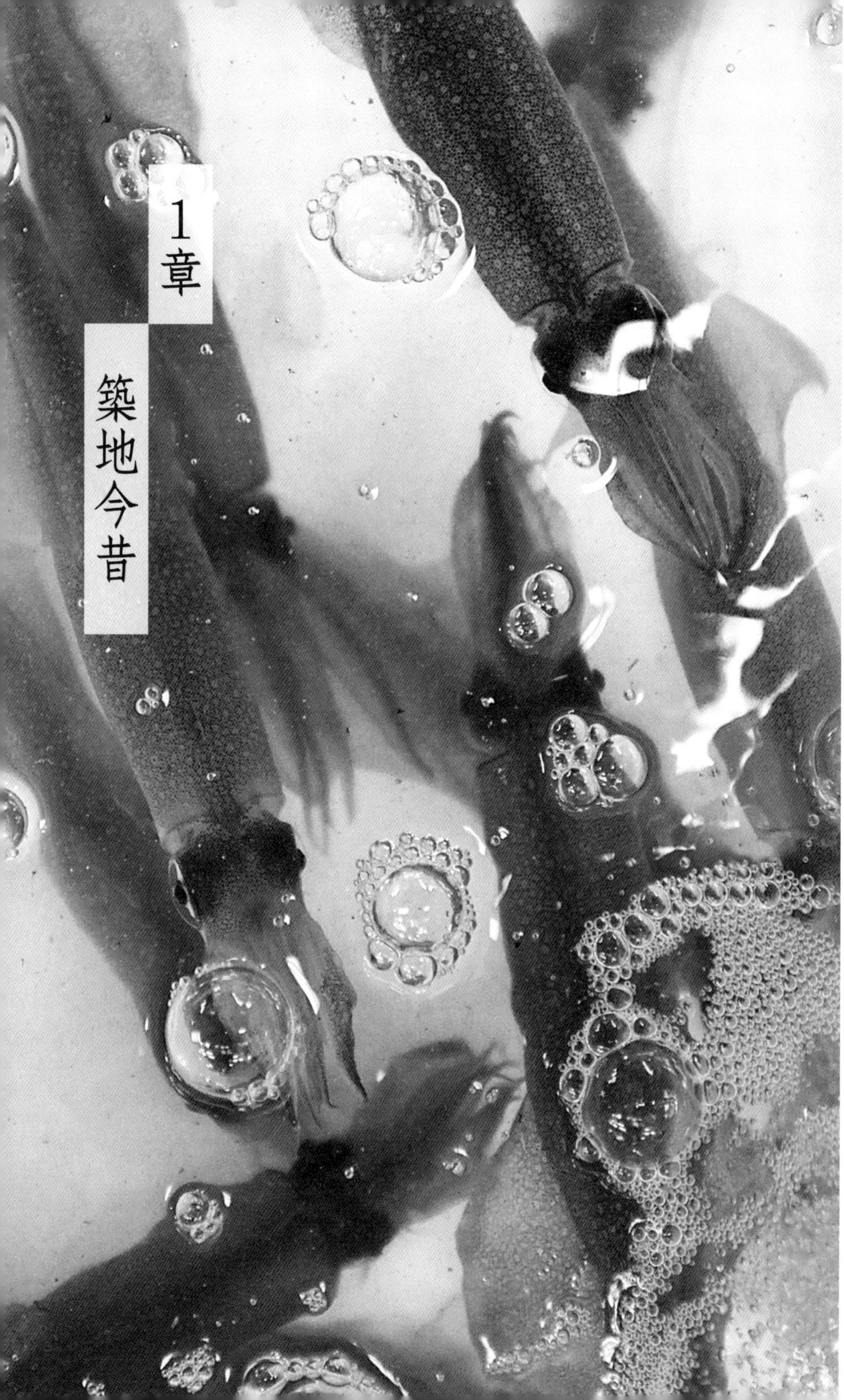

よそ者

初めて河岸を訪れたときに「何だ、ここは」と面食らう人はいると思う。いや、仲卸売場の賑わいとか色とりどりの魚に感心するとかでなくて、何だかとんでもない所だと直感して、来るんじゃなかった、と軽く後悔する。むしろ不愉快すら感じて、「全然ウェルカムじゃないよ、ここ」って思い知らされるのだ。わたしの場合がそうだった。市場はおっかないという印象を強くしたのである。とくに人々の眼つきがちょっと変だと思った。

もう三〇年近く前になるが、わたしはひょんなことで河岸に来たことがある。ひょんなこととは学生バイトでミニコミ誌の取材の手伝いをしたのだ。当時の河岸は観光客なんて皆無だったし、売場の入口には「素人お断り」みたいなデッカイ看板がかかっていた。どう見たって門外漢のこちらは居心地が悪いから、二、三センチ身体を屈《かが》める心持ちで、遠慮しがちに歩いていた。

すると売場に入ってすぐの角店だ。腕組みした気難しそうな親爺がじっとこちらを睨《ね》めつけてくる。それがいかにもよそ者を見る眼なのだ。「お前なんかの来る所じゃねえ」という露骨な意思表示にも思える。ニューヨークのハーレムに観光気分で行ったら、地元の黒人から向けられる視線がきっとこんなだろうなと考えながら、眼をそらして横を通り過ぎようとした。ところが親爺は仁王立ちのまま、首だけ回してこちらを追尾してくる。刺すような視線を背中にも感じたから、映画の『エクソシスト』みたいに首がくるりと回ったにちがいない。

それで、さらに畏縮していると、今度は前方左手から、「ねこ」と呼ばれる小車を引いた男が来る。それと眼が合ったとたん、彼はいきなり方向を変えてこちらに突進してくるのだ。急のことでよけきれずに脇腹をしたたか打って、息が止まるかと思った。でも男は謝るどころか「危ねえな、ばかやろう！」と、さっきの親爺と同じ眼つきを向けてくる。実は小車がそこで曲がるのは数ブロック先から決まっていた行動なのだ。わざとぶつかったのでなく、よける気がないだけだと後で理解したが、そのときはローカルルールなんて知らないから、まったくひどい所だと思った。もう二度と行きたくない場所といえば――それは絶対、築地に決まっている。

ところがどうしたものだろう。そこに毎日行くことになった。友人から「なぜ築地で働くの？」ってきかれたことがあるが、自分でもよくわからない。きっとうっかりしていたのだろう。ところが、働いてみるとそんなひどい所でもなかった。むしろ河岸の人はすごく優しく接してくれたものだ。あんなに人を大切にしてくれる職場はそうはないかもしれないと、今では思っている。ただし、河岸にはいろいろ変テコなルールが存在するから、最初はちょっととまどう。だが、それもやがて身体に馴染んでくると、今度は逆に河岸の外の人たちがまるでエイリアンみたいに見えることがある。長く河岸にいると、なぜだかそういうことになるのだ。

たとえば、「これ食えよ」って、もらったマグロの中おちをつまみながら、売場を過ぎていく人を眺めたりする。そんなときガイドブック片手に観光客が歩いていると、あれは何だろうと思う。それが若い女性《ねーちゃん》だったりしたら、皆、チラ見するわけだが、たとえ男性《やろう》であっても「あいつヘナチョコだな」なんて面白がって声をかけたりする。そうやって来訪者にはけっこう友好的に接客しようとしているのだ。

ああ、そうか。河岸の人々のよそ者を見る眼。あれは来る者を拒もうというものじゃなくて、外の人間に興味津津の眼だったのだ。そう気づいたときには――きっと自分も同じ眼つきになっていたと思う。

河岸

築地市場は正式名称を東京都中央卸売市場築地本場というのだが、そんなふうに呼ぶ人はまずいない。たいてい「築地」とか「市場」で通じるし、「築地の魚河岸」なんていう人もいる。ここで働いている人々は単に「河岸」と呼ぶことが多いだろうか。仕事へ行くのに「ちょいと河岸へ行ってくらあ」というと、ちょっとカッコイイ。それに何というか、この「河岸」ということばには、昔ながらの風情が残っているように思う。

その昔、魚河岸はお江戸日本橋にあった。日本橋の北詰、現在の三越デパートと中央通りで隔てたあたり。そこに魚店がずらりとならぶ様子が錦絵などに描かれている。江戸時代初期に生まれてから大正一二年（一九二三）の関東大震災で焼失するまでの三〇〇年あまり、江戸・東京の真ん中で毎朝魚が売られていたのだ。

川柳に「日に三箱《みはこ》鼻の上下臍《へそ》の下」というのがある。どういう意味かというと、江戸では一日に千両を商う繁盛地が三カ所あったのだ。鼻の上（眼）で楽しむ芝居町で千両箱が一箱。鼻の下（口）で味わう魚河岸でもう一箱。それと臍の下というのは吉原のことだが、ここでさらに一箱。都合三千両が毎日遣われたという。この江戸三大繁盛地の一角を担う魚河岸の商売というのが実に勢いがあった。活きと意気を売りものとする魚河岸の豪気な商売は、鼻っ柱の強い江戸っ子の見本のようにいわれた。

さて、魚河岸の魚は、毎朝日本橋川のほとりまで船で運ばれて来る。江戸では魚に限らず、あらゆる物資が水運をつかって輸送されていた。その船荷を陸揚げするところが「河岸」である。江戸には七〇ほどの「河岸」があった。魚河岸、米河岸、竹河岸など荷揚げする品物の名前や、日比谷河岸、行徳河岸など発着地名が名称となっている。しかし、ご案内のとおり魚河岸は江戸屈指の繁盛地だから、数多くの「河岸」を代表する存在となり、いつの頃からか、単に「河岸」といえば魚河岸のことと認識されるようになった。

その後、関東大震災を機に、「河岸」は日本橋から築地に移転した。だから、築地市場の前身が日本橋魚河岸ということになるが、実は両者の性格はまったくちがう。端的にいえば、日本橋は魚問屋たちのつくった私設市場だ。江戸城に魚を納めることで、幕府の御墨付《おすみつき》を得て権勢を誇ったけれど、幕府の施設というわけではない。あくまでも魚問屋たちが利潤を目的に開いた市場だ。一方、築地は東京都が開設する公設市場である。冒頭の長ったらしい名前がそれだ。卸売市場法という法律の下で、生鮮品の安定供給と公正・公平な取引を目的に開かれている。日本橋から築地に移ったときに、建物も法律もあたらしくなって市場の形は根本から変わったのだ。

しかし、すべてが一新されたわけではない。なぜかというと人が変わらなかったからである。築地で商売したのは日本橋時代と同じ人々であり、魚をあつかう威勢の良さというものは一種普遍的であるから、その商売には昔ながらの風情が色濃く残されることとなった。築地のなりわいには江戸が残っているというと過言だろうが、その商売は長い歴史のなかで形づくられた部分が大きい。

「河岸」ということばは、まさにそういった時間の連続性を感じさせる。本来の意味の「河岸」がどこにも存在しないのはもちろん、かつて魚河岸と呼ばれた時代の名残としてそう呼ぶに過ぎないのであるが、だからこそ、いつまでも残ってほしいと思う。この市場のことを「河岸」と呼ぶ限り、江戸前の価値観がどこかで続いていくような心持ちになるからである。

卸売市場のしくみ ―価格形成の今昔―

「魚河岸」「河岸」という呼び名は、過去の歴史とむすびついている。いずれも江戸時代に栄えた日本橋魚市場を示す固有名詞だったが、今も築地市場を「魚河岸」や「河岸」と呼び習わすのは、築地が江戸以来の伝統を引き継ぐ場所であるからにほかならない。だから築地市場のさまざまな事物を深く知ろうとするなら、その歴史をたどることは、とても興味深いことだ――と前置きした上で、卸売市場のしくみについてお話したい。といって市場流通の小難しい理屈をならべても退屈なので、ここでは魚の値段はどのように決まるか、という点から卸売市場の今昔を引きくらべてみる。

まず江戸時代の取引はどんなふうだったか。日本橋魚市場に軒をならべる三〇〇以上の魚店は、みな問屋である。業態を細かくみれば問屋・仲買の兼業や仲買専業も多かったが、要するに卸売業が寄り集まって市場を形成したのだ。その頃は、いずれの問屋も契約産地というべき漁村とつながっていて、それらへの資金援助で漁業がおこなわれた。実態は僅かな資金で産地を縛りつけたのだが、それはともかく日本橋魚市場は、江戸前海はもとより広く関東の海から魚を集荷して、小売の魚屋へ卸したのだから、これも卸売市場にはちがいない。ただし、問屋主導の私設市場であることが、現在の築地市場とは大きく異なる点だ。

日本橋魚市場の問屋は毎朝、届いた魚荷を仲買へと渡す。仲買は問屋の販売部門をまかされている業者だ。これに委託するわけだが、最初は魚価というものは決められていない。仲買は問屋の店前で棒手振《ぼてい》（魚の棒手振《ぼてふ》りのことをボテイと呼んだ)や料理屋などに売る。その商売は対面取引のやり取りが勝負で、とにかく勢いよく売ることになっている。

さて、朝売りが終わった河岸引けに、問屋の旦那が番頭連中と魚の相場を話し合う。その日の入荷状況、季節や天候などを考慮して細かく魚の卸値を決めると、そこに仲買が呼ばれる。問屋はここで初めて委託した魚の代価を彼らに伝えるのだ。仲買は問屋の提示した金額よりも自分が商った売上の方が大きければ、その差し引きが利益となる。逆に小さければ損だが、そのときは問屋に掛け合い、ある程度はまけてもらうこともできた。

こんなふうに、日本橋魚市場では魚の値段は問屋らがこっそりと決めていた。すごく不透明な取引だが、魚が増えれば安いし、少なければ高いという単純なものだから、自然の生産物である魚の実情にかなう面もあった。それで大した問題を生じることなく、三〇〇年あまりも問屋主導の取引が続けられたのである。

ところが、大正八年(一九一八)の米騒動をきっかけに食料品の安定供給が政治の急務となった。そのとき問屋による密室的取引が物価安定を妨げているとやり玉にあがった。大正一二年制定の中央卸売市場法では、価格形成過程をガラス張りのものとするために、公設市場をつくってセリ取引を原則とすることがうたわれている。その理念を具体化したものが東京都中央卸売市場築地本場なのだ。これを便宜上、昔の築地市場と呼んでおこう。

昔の築地市場ではセリが命で、すべての生産物がほぼ例外なくセリによって価格が決定された。このセリというのはどのようなものか？　わかりやすくいうと、卸売会社が生産者(漁港など)から集荷した水産物を生産者の代理として販売する。それを仲買(仲卸)が消費者側の立場から買いつける。そのせめぎ合いにより価格が形成されるシステムなのだ。本当は生産者・消費者のどちら側にも立たず中立を旨とするものだが、取引の性質上このような図式となりやすい。

セリ取引では数量や輸送コストなどは考慮されない。たくさん買えば安くなるとか、遠くから来た荷が優遇されることは一切なく、単純に需給における商品価値のみが評価される。いくら商品価値が高くても、供給量が大きければ、生産コストに見合った価格がつかないこともあるし、逆に需要の方が高ければ、生産コストを大きく上回る価格も生まれる。投機的要素や欺瞞《ぎまん》的行為は介在せずに、つねに集荷状況と需要の大きさによって弾力的に価格が決定されるセリ取引は、不安定な生鮮食料品を安定的に供給するのに最も適した取引方法だった。とくに得意先が小規模小売店、つまり昔ながらの魚屋が主流だった昭和三〇年代半ばまで、大変によく機能した。しかし、高度成長期にはスーパーマーケット方式の小売店が大型チェーンストアへと成長して、流通の中心的存在となっていく。それに合わせて出荷側の大型化、多様化が加速し、水産流通に変化が生じた。

昔の魚屋は毎日の市場状況に応じて品物と数量を決めていた。そのため市場価格がそのまま売価に反映される。しかし、大型チェーンストアなどの量販店では、市場に魚が入荷する以前から、仕入れる魚種および数量と規格を決定し、さらに大量仕入のスケールメリットを武器に仕入価格までも指定した。いわゆる「定時・定量・定質・定価」の要求は、自然の都合で獲れる水産物にはそもそも向かないのだが、少なくとも卸売市場のセリ原則とは相反する。何といってもセリ取引は出荷者の無条件委託と市場での需給会合による価格決定が原則だからだ。だが、このように流通が大型化することで川上(生産者)と川下(小売業者)の発言力が強まり、生産地においては無条件委託が、小売側では市場のスポット価格が、それぞれなし崩しになっていった。

そうした状況を受けて、昭和四六年(一九七一)年制定の卸売市場法ではセリ原則が大きく緩和される。流通の変化に迎合するように市場機能を変化させたものが、つまり、現在の築地市場なのだ。中央卸売市場の基本理念を踏襲しつつも、現在の流通システムと折り合いをつける形で運営されていて、セリ取引も全品ではなく、マグロやエビ、一部の生鮮品などに限定される。これら高級魚の値づけには高いリスクを伴うから、やはりセリ取引が効率的なのだ。この領域では「築地プライス」がいまだに健在といえるが、価格形成において現在の築地市場はかつての存在感が失われた感がある。

先に量販店の手法が生鮮魚介類の販売に向かないといったが、状況はつねに変わっていく。かつてはスーパーマーケットの計画販売が魚の価値を阻害するようなこともあった。しかし、冷凍品や養殖品は水産物の計画販売を可能にするほど進歩をみている。また、量販店の鮮魚担当も魚について熱心に勉強し、市場のノウハウも多く貯えているから、卸売市場が「目利き」や「専門性」だけで勝負していくのは、厳しくなるのだろう。

二〇一六年の豊洲新市場の開場は、日本橋魚市場、昔の築地市場、現在の築地市場に次いで、卸売市場に第四の波をもたらすだろうか。新天地で卸売市場の真価が発揮されるどうかは、市場業者のみならず流通業界全体の注目するところだ。ただし、江戸以来連綿と引き継がれた「魚河岸」「河岸」の伝統なんて、どうなってしまうかわからない。何よりも経済が重んじられて、古いものが淘汰されるのが世のつねだからだ。

いずれにしろ江戸以来の卸売市場は、豊洲地区への市場移転をひと区切りに大きく形を変えることはまちがいないだろう。

河岸の登場人物

築地市場で活躍するさまざまな人々——河岸の登場人物たちを紹介しよう。

まず東京都のお役人がいる。東京都は築地市場を所有している大家だ。そのため施設を監督し、整備し、業者に鑑札を発行するなどの管理業務をおこなう。食品の安全管理を司《つかさど》る市場衛生検査所も東京都の施設だ。お役人だからお堅い人たちにはちがいないが、長く河岸にいて魚にやけにくわしいとか、粗野な市場人とも気さくにつき合うような、築地のお役人ならではというような性格も持ち合せている。彼らは市場ヒエラルキーの最上位にいるわけだが、普段は市場棟でのデスクワークが多いから、河岸ではあまり見ることがない。

やはり河岸の主役というべきは取引業者の代表である卸売会社と仲卸だろう。両者は市場運営を牽引する車の両輪に例えられたりする。要するに卸売市場の三大機能——国内外から魚を集める「集荷」、セリや相対取引によって魚価を決める「評価」、大量の魚荷やマグロのような大型魚を小分け販売する「分荷《ぶんか》」——は卸売会社と仲卸によって担われているのだ。

卸売会社は荷受《にうけ》とか大卸《おおおろし》とも呼ばれる。彼らが日本各地はおろか世界中から集めてくる魚は、多くが委託販売品として荷受けしたもので、これを仲卸などに大量に卸売りするからである。セリ場で威勢の良い声を上げるセリ人は、卸売会社に三年以上勤めて、東京都のセリ人試験に合格した後、先輩のアシスタントとして経験を積み、取引の空気も十分に読めるようになって、ようやくセリ台に立てる。いわば花形業務だ。

卸売会社は築地市場に七社あって東証一部、二部の上場企業だが、もとは日本橋魚市場の魚問屋が集まってこしらえた会社だけに、昔の問屋堅気をわずかに残しているように思う。会社員というよりも業者然としている。典型的な卸売人をイメージするなら、骨格は骨太で(魚貝からのカルシウム摂取が十分であると思われる)、声が大きく、態度も堂々とした感じ。世界各地とやり取りするため、多くがバイリンガル能力(水産取引限定の)を有している。早朝のセリ場や仲卸売場のそこかしこで、自社のマーク入りユニフォームを着た体格の良い、声と態度の大きな男たちを散見することだろう。

一方の仲卸も卸売会社と同じく日本橋魚市場の魚問屋を出自とする業者だ。卸売会社とのセリ取引により、水産物の価格形成をおこない、そこで買いつけた品物を小分けにして小売店に卸すことを主な仕事としている。仲卸売場は外周から内周に向かって一〇〇〇～八〇〇〇番およびイ～ニ番、左右に五～一五五番に割当てられた約千三百に区画されている。この狭い空間でしのぎ合うように魚貝を手売りする仲卸の商売は、あたかも江戸以来の魚河岸を継承するかのようだ。それぞれの仲卸は零細ながら、互いに競い合い形成する市場流通ダイナミズムが、いわゆる魚河岸らしさをつくりだしている。したがって、仲卸こそが真に河岸を体現する存在といえるだろう。手鉤《てかぎ》を片手に険しい目で魚を見分け、腰から手拭、長靴にたたんだスポーツ紙を挿した仲卸の風俗は、そのまま市場人のグランドイメージをつくり出す。本書で取り上げている話の多くも仲卸の日常を紹介している。

場内のいたるところで存在感を放つ仲卸は、ほぼ全員といっていいのだが、自分のことを名人だと思っている。目利きの名人、あるいは庖丁の名人、または売り手の名人、ともかく魚の名人である。そんな彼らの口癖が「オレに言わせれば」というものだ。世間一般どのようなことも、彼らに言わせたところでどうにもならないのだが、こと魚に関しては、まこと金言というべき、とても濃い話を惜しげもなく聞かせてくれる。

次に活発な市場取引を陰で支える荷役作業を見てみよう。早朝取引に間に合わせるために、前日夜半より続々と魚荷がトラック輸送されて来る。これをセリ場や相対取引の現場に整然と仕分けるのが小揚《こあげ》の仕事だ。小揚は卸売会社の下部組織として編成されるが、日本橋魚市場時代より続く由緒正しい業者である。実は魚を運ぶという一見単純な作業が築地市場では大変な困難を伴う。トラック輸送を想定していない市場設計は、荷降ろしの場所も確保できず、フォークリフトを回すスペースさえとれない。小揚はまるで滅茶苦茶な物流導線をこなして、所定の場所に正しく魚をならべるスペシャリストである。夜を徹して作業をおこなう彼らは早朝のセリ場で見ることができる。手鉤を巧みに操り数百キロのマグロを右に左に運ぶ様子はまるで荷役ターミネータだ。

もうひとつ代表的荷役に軽子《かるこ》と呼ばれる人々がいる。こちらは仲卸に勤め、セリ場などから魚を仲卸店舗に、あるいはお得意の買った品物を買荷保管所へと運ぶのが主な仕事だ。体重の何倍もの荷を載せた小車《ねこ》を引く彼らはとてつもない怪力の持主に思える。確かに隆々たる筋肉を誇る勇み肌の軽子さんもいるが、多くの者は経験と勘によって信じられないほどの荷を動かすのだ。不安定な小車のバランスのとり方や時間ごとの場内の交通状況から、石畳の通路のどこに亀裂があって車輪をとられやすいか。それらをすべて頭に入れた上で、最適のルートと労力をつねに計算しつつ動いている。近年は配達員の呼称に改められたが、もともと運搬具である「軽籠《かるこ》」が転じた軽子ということばには歴史的に意味があるので失くしてほしくない。

次が配送業者だ。場内中央部のプラットホーム状の施設を買荷保管所、通称茶屋といい、買出人の買った品物を一時保管して発送する。茶屋の各部には小さな机が置かれ、たいてい堂に入ったお姐さんが鎮座していて、売場を回った買出人にお茶をふるまい、世間話などしながら相手になってくれる。

買出人の主役は、ひと昔前はガン箱(肩から下げる金属容器。平成に入って竹籠に変わった)を提げた町の魚屋だったが、今はスーパーや量販店の鮮魚バイヤーへと代わった。バイヤーは持ち物に見る限りミニマム主義だ。彼らの武器は発注書、ボールペン、電卓、以上である。百戦錬磨のバイヤーになると電卓さえも持たない。そのかわり早朝のセリ場に出向いて必ず魚を見る。仲卸たちと会話をする。それによって魚の状況を知るのだ。魚の都合さえわかれば、やみくもに値段交渉もしない。売上げも読めるから電卓も無用なのだ。

売場を難しい顔で歩いている人がいたら、それは料理人である可能性は高い。彼らの素材を選ぶ仕事はルーティーンであり、また一期一会でもある。よく目利きというと、良い品を見極める眼力のように思われがちだが、実はそうではなく、商売で確実に儲けを出すための技術こそが目利きなのだ。それ以上でも以下でもない最安定の見極めは、不安定な鮮魚取引では大変に困難なことである。安値を買い高値で売り抜く株式市場とはちょっと性質がちがうのだ。それで、買い出しの料理人はつねに歩留まり(魚は骨やアラなどのロスが必ず生じる)を見込んだ原価計算をしながら歩いている。どうしたって表情は厳しくなるのにちがいない。

市場内の飲食店や物販店を付属商という。ちょっと蔑んだような呼び名は日本橋魚市場時代に市場人たちの御《ご》用達《ようたし》の商売を始めたことに端を発している。当時彼らは賦課金と称するショバ代を市場側に吸い上げられていた。大正一二年の関東大震災による市場区域焼失で仮設営業を強いられたとき、付属商の人々は炊き出しや物資支援によって市場人たちを陰で支えた。恩義に感じた市場は賦課金を廃止してこれに報いている。以来、八〇年余にわたって市場人をサポートする施設として河岸と共に発展してきた。今では一般客もとり込んで、築地文化を外に向けて発信するにいたっている。もはや付属商でもないだろう。

ギョウカイ

ギョウカイといっても、有名人と仕事したことを自慢したがるドギドギした色のスーツ着た人たちの「業界」ではなく、河岸ではあつかう魚種ごとの仲卸の集合体を「業会」というのだ。

まず、大物《おおもの》業会というのがある。これはマグロ仲卸の集まりだ。河岸ではマグロを大物と呼んでいる――大きいから。関西の市場では太物ともいう――太いから。マグロ屋の旦那さんが「オレは大物だ」と臆面もなくいうと知らない人はびっくりするが、威張った名前のとおり、河岸では一大勢力を形成する。何しろ数が多いのだ。

江戸の昔、マグロは見向きもされない下魚だったが、江戸が東京と改められた頃から人気が出たので、魚河岸の業者はこぞってマグロをあつかう大物師へと鞍替えした。とくに冷凍マグロが登場する昭和四〇年代以降に大物業者は急増している。大物はどちらかというと鷹揚《おうよう》な人が多い気がする。細かいことに頓着しないというか、やはりあつかうものが大きいと気持も大きくなるのだろう。彼らは毎朝セリ場でつかう手ヤリ（金額を指で示す方法）が癖になっている。魚がし横丁の飲食店などに「三人《みったり》ね～」と中指・薬指・小指を立てて入って来たなら、それはたぶん大物業会の人だ。

次に特種物《とくしゅもの》業会。ここは主に寿司屋や料理屋向けの活魚をあつかう。寿司種の貝類やコハダ、それからフグなども特種物に含まれる。おおよそ高級品をあつかう仲卸の集まりだ。大所帯という点で大物と勢力を二分する。とくに対立しているわけではないが、同じ仲卸でも大物とは好対照の印象ではある。特種の人はむっつりしている気がする。活魚をさばく彼らはたいてい気難しい顔をしてとっつきづらいが、打ち解けてしまえば、とても優しく教えてくれる。クールな横顔にそこはかとなく漂う江戸前の気品。それはまあ、あつかう魚のイメージなのだろう。コハダなんて実にイナセな江戸っ子の食い物という感じだ。これがマグロとなると、その脂っこさが、どこか悪代官を連想させる……いや、これはまったくの偏見で、何の根拠もない。

キリがないので、そのほかをざっと紹介しよう。河岸の業会は、日本橋魚市場時代の魚種ごとの棲み分けがベースとなっているので、ちょっとわかりづらいところがある。

近海物業会。これは東京から見た近海物である。すなわち江戸前から関東近海の魚貝をあつかう。ただしキスやアナゴなどは特種物にも含まれるのでややこしい。

遠海物業会。こちらは逆に東京から見た遠海物であり、大まかに北海道、東北、四国、九州の魚をあつかう。

淡水物業会はウナギ、フナなどの淡水魚で、とくに活魚で流通するものをあつかう。

手繰物《てぐりもの》業会。この手繰物とは、もともと小型の手繰網でとるマダイ、アマダイ、アカシタなどの魚をいったが、後にトロール漁で漁獲する魚全般を指すようになった。その漁法は関西で生まれたので、関西物ともいう。

北洋物業会はサケ、マス、カニなど北の海でとれるもの。合物《あいもの》業会は半生加工品をあつかう。塩を合《あ》えることから合物ということばができた。練製品《ねりせいひん》業会はカマボコ、東鯨会《とうげいかい》はクジラ、ほかに蛸業会、海老協会、塩干物業会など、いずれも名称の通りである。

六〇〇超の仲卸業者に対して一〇以上の業会が存在していて、なかには大物業会のように三〇〇人以上の会員数を有するものもあれば、淡水魚や東鯨会など数人程度で構成されるものもある。なぜ、こうした同業者組織があるのかというと、これは市場内での権利獲得の手段にほかならない。東京都への陳情であるとか、市場施設使用に関する願書は、個人ではなく業会を通じて提出されるのがつねである。たとえばセリ場を有利に使用したいといった類のことだ。何か農民の水争いみたいだが、それと似ていなくもない。おおむね業務規定はそれぞれの業会のしきたりに沿っておこなわれていて、「業会のいうことには逆らえねえ」という共通認識が仲卸たちにある。どこの業会にも所属しない仲卸もまれにいるが、やはり集団に加わらないとものが言えない世界なのだ。外部からやって来た人は、河岸にムラ社会のような空気が流れているのを感じることだろう。

そのためか、大きな業会の役つきとなるのは大変な名誉とされている。単に年嵩《としかさ》というだけでなく、業務実績も良好で、面倒見が良く、若い者から兄貴と慕われる人望ある者が業会を代表する役員に任命される。とはいえ河岸だ。一般の会社役員とはひと味ちがう。それでなくても面白い河岸の人々のなかでも精鋭ときているから、往々にして、とても面白い役員さんができあがったりする。

市場内のあちこちにアジトめいた業会の事務所がある。河岸引けにはそこに業会役員たちが三々五々上がってきて、いわゆる四方山《よもやま》話をするのだ。老練な役員さんたちが江戸前の流暢な口調で河岸のできごと、つまりどうでもいいことを言い合ったりするわけだが、これには独特のリズムがあって、古風な地口《じぐち》（オヤジギャグに近い）を利かせて愉快に語り合うさまは、落語の登場人物そのままといった風情がある。こればかりはその場に居合わせないとわからないが、江戸の浮世床が現代にも生きていたのかと軽く感動を覚える。ここにそれを忠実に再現できないのは、筆力不足というべきだが、心底残念に思う。

大物業者の必需品、セリ帽。

築地時間

河岸の朝は早い。それも驚くほど早いのだ。世間で早朝というと、まあ、午前六時といったところだろう。だが、河岸はその時間には取引の真っ最中。いわばかきいれ時だ。たまさか河岸の人から「明日は朝イチで来い」などと言われて、うっかり六時頃に行くと「おせえぞ！」と怒鳴られる。この場合の朝イチは午前三時だったりするのだ。人によってはもっと早くて、ゼロが三個重なる午前零時に機械的に動き始める人もいるし、前日夜半に長距離トラックの入場をもって早朝だという人までいる。どう考えたって夜なのだが、仕事のスタートを朝と決める河岸では、一番鶏ですら鳴きそびれるほど、朝は早くやって来るのだ。

朝が早いから、当然、夜も早い。多忙をきわめた売場も昼過ぎにはあらかた店じまい。日が傾く頃には市場内は閑散として、さながらゴーストタウンと化してしまう。この時間が市場人にとっての真夜中である。どうやら世の中には、グリニッジ標準時（ＧＭＴ）や日本標準時（ＪＳＴ）とともに築地標準時（ＴＳＴ）というのがあるらしい。日本標準時とはおよそ七時間の時差が生じているから、築地にやって来る人は日付変更線となる旧海幸橋《かいこうばし》を通るところで、腕時計を調整しなければならない。

このような築地時間がなぜ生まれたのか。つまり、河岸の連中がどうしてニワトリよりも早起きなのかだが、実は明確な理由なんてないのだ。よくわからないが習慣としかいいようがない。小売の開店に合せているように見えるが、高度化された流通体系のなかで、市場が何時に開こうとさしたる影響はないだろう。むしろ河岸の習慣にほかの流通が合わせているともいえる。だから、お昼に市場を開けても一向さしつかえないはずだが、河岸の人々は昔ながらの習慣に固執するのだ。何しろ江戸時代からずっと続いている早起きなのである。

江戸の魚河岸も白々明けの時分から威勢の良い声を響かせていた。しかし、それもまた理由が見つからない。たとえば、御城への魚の納入は朝五ツ(午前八時頃)で間に合うし、江戸っ子の朝飯は炊きたてのご飯に納豆が定番で、朝から魚を食べることはあまりない。だから棒手振も、お天道様がうんと高くなってから売り歩いたものである。早朝から魚を商う意味がわからない。何しろ世の中のためではなさそうだが、自分たちの好き勝手にしろ、そんなことを四〇〇年間も続けているのは、どうにも不可解だ。

その疑問があるとき氷解した。マグロ屋のよっちゃんからこんな話をきいたのだ。「この世界に最も生命力があふれるのが午前三時なんだ。その時間に仕事を始めて、生命力そのものである魚をさわるから、河岸の連中は元気なんだよ」——そうなのか。気合いを入れるためだと考えると、何となく合点がいく。河岸の人々が威勢よく売れば、魚もより新鮮に見える。そのためにはぜひとも早起きしなければならない。魚なんて昼下がりに売るものではないということだろう。

河岸では魚をあつかえれば一人前だが、実はもっと重要とされるのが早起きと威勢の良さだ。このふたつが何よりも尊ばれる。たとえ魚がさわれなくても、寝坊せずに、無駄なくらいに元気な者であれば、クビになったりはしない。もしかしたら早起きと元気こそが河岸のアイデンティティなのかもしれない。

かくして、今後も河岸に勢いがある限り、意味不明の築地時間は世間とずれたまま未来永劫回り続ける。なぜこんな早朝から？　なんて疑問は威勢の良い売り声に吹き飛ばされてしまうのだ。

カーブ

普段、河岸で魚ばかり見ているとなかなか気づかない。何だか仕事したくないなあ。人と話すのも面倒臭え、と大欠伸をしたときに、突然それが目に飛び込んで来たりする――あれ？　頭上にあるのはいつもの天井だ。でも、こうして見ると、何だかすごい量の鉄骨が組まれているんだな。

おーい、危ねえよ。荷が落ちるぞ。ほらっ、落ちるってんだよ！　あー、やっちまった……慣れない新米配達員を気づかう先輩。若い衆のばらまいた魚を拾ってやろうと、ふと足元に眼をやったときだ――あれ？　石畳って前からこうだったかな。何だか綺麗な模様じゃないか。しかもこれ、延々と続いているぞ。

オレってドライバーがいつもスライスするんだよね。肩に力が入りすぎかな……河岸引けの岸壁裏でゴルフの練習《スイング》に余念のない店主はふいに気づく――あれ？　よく見ると河岸の建物もスライスしているぞ。セリ場の檜舞台のカーブはいつも見ているけれど、でも、よく考えたら、これって何で曲がっているんだろう。

築地市場は今から約八〇年前の昭和一〇年（一九三五）に建造されている。『東京市中央卸賣売市場・築地本場・建築圖集』（一九三四・東京市役所）によれば、建設予算一五〇〇万円（米価比較で現在の一九〇億円程度）の多くは帝都復興公債から捻出されたという。築地市場は関東大震災後の帝都復興事業としてつくられたのだ。

当時最先端の土木建築技術により組み上げた巨大市場棟は、中央部で大きく円弧《カーブ》を描いた造形となっている。さらに見れば、手すり、柱、窓枠、石畳など、さまざまな部分に施されるカーブ。直線を嫌うかのように丸みを帯びた形状《フォルム》は、昭和初期の近代建築に顕著だが、まさに築地市場こそ復興の希望に満ちた昭和モダン建築の傑作なのだ。いちどそれに気がついたなら、この優美な歴史的建造物のとりことなるだろう。

異世界への入口は水産部と青果部のあいだにある。そこが時計台通りと呼ばれるのは、かつて市場のシンボルともいうべき時計塔があったからだ。何十年も前に撤去されて今は名前のみを残す。何と象徴的なことだろう。時計を失くした時計台通りから市場棟に入ると、そこに失われた時が横たわっているのだ。アールヌーヴォ風に湾曲した梁の連なる廊下を歩くと、講堂、事務室、郵便局、銀行、床屋、すべてが古い写真のように佇んでいる。そのとき自分が昭和初期の帝都に時空移動《ワープ》した感覚に陥る。海野《うんの》十三《じゅうざ》の『深夜の市長』とか久生《ひさお》十蘭《じゅうらん》の『魔都』といった探偵小説の舞台に入り込んでしまったように、今しも丸窓から拳銃《コルト》がぬっと伸びて「ホールドアップ！」の声がきこえそうだ。このカーブは別の世界につながっている――そんな錯覚すら覚える。

ところが、築地市場のデザインは単に当時流行のモダン建築を反映したものではない。昭和一〇年当時の最新流通事情を考慮して徹底的な機能重視の下に考えられた「形」なのだ。

昭和初期には鉄道が花形輸送だった。築地市場はこれを十分に活用する設計になっている。現在の汐留シオサイトの前身である汐留貨物駅から引き込み線を市場内に伸長させ、貨車による水産物輸送を実現させた。市場棟の大きなカーブは、長い鉄道プラットホームを確保して効率良く荷降ろしをするためのデザインなのである。魚

大きくカーブした市場棟は鉄道輸送のためのものだった。

の降り立つ駅は芝居の舞台に似ていることから、今でも檜舞台の名で呼ばれている。

鉄道線路のカーブの外側には、さらに一時代前の花形であった水上輸送のための船着き場がつくられている。昭和一〇年当時、すでに東京湾の築港計画が進められてはいたが、それでも江戸前の水産物は高い生産性を誇っていた(大半は海苔養殖への依存だった)。それら近海物の魚貝がこの船着き場に続々と陸揚げされて来る。

ここでモダン建築の機能が発揮されるのだ。水陸両方から集められた水産物は円弧の中心に向かって移動を始める。まずは鉄道線路の内側に設計されたセリ場に振り分けられて、次から次へと値決めされていく。そして、さらに内側に集合する仲買店舗において小分けにされる。それから円弧の収束する地点である買荷保管所に集められた後、最終的には市場正門をくぐり大東京の各所へと拡散していくというしくみだ。

すなわち市場のカーブは集荷・評価・分荷・販売というフローチャートを具現化する究極の機能美だったのである。「だった」とここに過去形で語らざるを得ないのは、すでにその機能は失われているからだ。いや、あまりに完璧な設計が機能不全に陥ったとき、そこに生じた弊害が後々まで続くことになる。

昭和四〇年代に流通の主役は鉄道からトラック輸送へと移った。最盛期には河岸に一日一五〇両もの入線をみた鉄道貨物は、昭和六二年(一九八七)を最後にその姿を消す。平成の最初の年に線路はすべて撤去されて、今では市場内外に廃線跡を残すのみとなった。一方の水上輸送は細々と続いているが、せいぜい日に一隻を数える程度である。鉄道と船を前提とする市場からこのふたつが消えたために、さまざまな混乱がもたらされた。

水産流通のほぼ全部がトラック輸送に切り替えられたが、築地市場にはトラックターミナルなんてものはなか

（上）時計台通り。市場棟の上に時計台の跡が見える。（下）下から見た勝鬨橋。市場によく似た鉄骨組み。

（上）鉄道のプラットホーム跡。（下）市場内に鉄道線路の形跡が残っている。

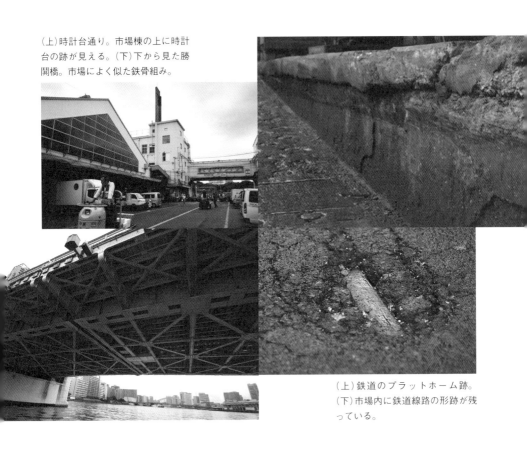

った。そのため本来は出口である正門から次々に入場して来るトラックは場内のあらゆる場所に駐車しなければならない。その際の荷降しからセリ場への移動にいたるまで、無秩序な物流が毎晩毎朝、何十年にもわたって続けられることとなった。

大きな視点でみれば流通システムとして「つかえない」市場施設の問題があるが、より小さな問題には仲卸店舗の配置替えというのがある。これも市場のカーブが引き起こしたものだ。扇形につくられた仲卸店舗は、敷地の形状が不均一で、店舗の位置により面積の差を生じてしまう。当然、売上の差も無視できないものとなるから、そうした不公平を失くすために一定期間を経て、「店舗移動」と呼ばれる配置替えがおこなわれる。何しろ一三〇〇コマの店舗が一斉に引っ越すのだから、想像を絶する騒ぎとなるのだ。たいてい土曜日の河岸引けから日曜を挟み、月曜日の開市まで足かけ三日の突貫工事でおこなわれ、その総費用はざっと二億円といわれる。

平成のはじめに築地市場を何とか機能的なものに変えようと「市場再整備」が計画された。東京都は約四〇〇億円を費やして一部の工事を進めていたが、工事期間の長期化、建設費用の増大などを理由に計画を断念する。そして豊洲新市場への移転が決定された。

市場移転は本質的には卸売市場の機能に関する問題であり、同時に複雑な権利関係のからむ問題でもあるのだが、もとを正せば市場の大きなカーブに起因するものなのだ。歴史的建造物として堂々たる風格を放つ築地市場は、その優美さゆえに、流通の変化に対応できずに寿命を縮めたのかもしれない。

小揚

　機能的にみれば築地市場はすっかり時代遅れとなったが、そんなことはおかまいなしに魚は毎日やって来る。夜半過ぎには荷を満載させた長距離トラックが続々と入場し、また、より条件の良い地方市場への転送をねらう輸送業者も情報を取るためにとりあえず築地をめざして来る。深夜から早朝にかけて、トラックのアイドリングによる排気ガスがちょっとした問題になった。だが、もっと大きな悩みは、無秩序に搬入される魚荷をいかに所定の場所にならべるか。そして、セリや相対の取引時間に間に合わせるかだ。その困難な荷役作業を毎日おこなうのが小揚と呼ばれる人々だ。トラックの渋滞で荷降ろしの場所もなく、フォークを走らせる導線も確保できないなか、ゲリラ的に動き回って、魚をならべていく。気の遠くなる作業を黙々とこなしつつ、早朝の取引に向けて予定調和させていくのである。

　荷役作業の困難さは無秩序な市場環境ばかりではない。魚食民族の国民性というべきだが、水産物流通には細かい規格があって、しばしば現場の仕事を繁雑化させる。たとえば上身《うわみ》と下身《したみ》というものがある。マグロのような大型魚は横置きの上側が上身、下側が下身と決められている。漁獲後、いったん船上に置かれると、輸送中もセリ場にならべられるときも、仲卸店舗に運ばれた後も、ずっと同じ向きのままで寝かされるのだ。下身は魚体の重みで身割れを起こし、鮮度が落ちるといわれ、一般に上身の価値が高いことになっている。だから、マグロを運ぶには、あの巨体を転がさないように注意を払わなければならない。そういう細かいことまで気を配り、かつ機転を利かせながら魚をならべていく小揚の存在がなければ、築地の市場機能は破綻していたかもしれない。

ところで、一般的に小揚とは船荷を陸揚げする労働者をいう。河岸の小揚も昔は陸揚げが本業であり、平田《ひらた》役《やく》と呼ばれていた。日本橋魚市場時代の話だ。江戸前海などで漁獲された魚は日本橋川から魚河岸に到着した。その岸壁には平田舟と呼ばれる扁平な舟がいくつも固定されている。日本橋川は干潮時には極端に水位が下がって舟が接岸できなくなるため、この平田舟を艀《はしけ》の代わりにつかっていたのだ。平田舟と岸壁のあいだには長さ・幅とも一メートルほどの歩み板で橋渡しされているが、干潮時には急坂をのぼるような状態となるから、重い魚荷を担いで通るのは大変な苦行である。この陸揚げ作業をおこなう者を平田役といった。

平田役は信州諏訪地方からの出稼ぎが多かったという。明治二二年(一八八九)に編まれた魚河岸の記録書『日本橋魚市場沿革紀要』によれば、江戸の中頃に、諏訪の友七《ともしち》という者が、毎年農閑期になると江戸に出て平田役についた。友七は浜方荷主の名前、魚荷印などの覚えが大変によく、また、魚荷の仕分けも次々にこなしたので、問屋は彼を大いに信頼して江戸に移住させることにした。それ以来、諏訪からの出稼ぎ人が友七を頼って来るようになった。友七は平田役を取り仕切る存在となり、平田役の友七、略して「平友《ひらとも》」を屋号に、平田役斡旋を代々おこなったという。

大正時代に「平友」は運送業に転じ、河岸の平田役たちは団結して小揚組合を結成する。舞台は日本橋から築地へと移り、仕事内容も陸揚げにとどまらず、広大な場内で所定の位置に魚をならべる作業に広がった。しかし、日本橋魚市場時代のノウハウが十分に活かされ、段取りよく業務をこなす彼らは市場に欠かせない存在となっていく。伝説の平田役友七の遺伝子は、現代の小揚へと脈々と引き継がれているのかもしれない。

潮待茶屋

河岸を訪れると、市場の中央部にプラットホーム型の施設が数ヶ所ならんでいるのに気づくだろう。ここは買出人の買った品物を一時保管する買荷《かいに》保管所という場所だ。別名潮待茶屋《しおまちぢゃや》という大変きれいな名前がついていて、仲卸では買荷保管所に品物を出すことを「茶屋出し」という。買荷保管所は一～一一五部および東、西、特という区分がされていて、それぞれに「池袋」「淀橋」「品川」などの地名が表示されている。これは配送先を示すものだ。仲卸店舗で買物をした買出人が「これ、△△部に茶屋出しね」と指示すると、仲卸の配達員が指定された保管場所に品物を運びこむ。そして指定時刻になると行き先別のトラックで順次出荷されるというしくみである。このような場所をなぜ茶屋と呼ぶのかというと、その由来は江戸の昔にさかのぼる。

江戸時代にはいろいろな店を「茶屋」と呼んだ。文字通りお茶を飲ませるところが「水茶屋」であり、手の込んだ料理を出す「料理茶屋」は料亭のような高級店である。芝居や相撲の席を押さえてくれる「芝居茶屋」「相撲茶屋」は現代のプレイガイドのようなものだろう。色町には遊女を世話してくれる「引手茶屋」というのもあった。とにかく何らかのサービスをしてくれる施設のことを広く「茶屋」といったのだ。魚河岸で「茶屋」というと、これは天秤棒に笊籠《ざるかご》を下げて売り歩く棒手振《ぼてい》たちのための施設で、俗に「棒手茶屋《ぼてぢゃや》」と呼ばれていた。

江戸時代の魚屋は、ほとんどがこの棒手振のスタイルだ。零細な商売ではあったが、河岸の最大の顧客である。彼らが魚市場で買い出しをするには、まず懇意の茶屋へ顔を出して、そこに棒手（天秤棒、笊など）を預ける。そんなものを担いで狭い売場は歩きづらいからだ。それから茶屋札というのを受け取るのだが、これには茶屋と買出入の名前とが記入されている。棒手振は茶屋札を何枚も懐に入れて売場に向かう。たいてい馴染《なじ》みの魚問屋が何軒かあるから、そこへ出かけて行って、売買が決まると代金とともに茶屋札を相手に渡す。問屋は札に書かれた茶屋名を確認すると、売れた魚を使い軽子に持たせるのである。さて、棒手振が仕入れを済ませて茶屋に戻り、出された茶などすすって一服しているうちに、問屋の使いが次々にきて、自分の笊はその日に買った魚で一杯になるという寸法だ。棒手振は茶屋銭として一日分三銭を支払う決まりで、そのほかに茶代や菓子代など若干の心づけを渡す。

明治時代になって、魚売りのスタイルは自転車やリヤカーなどの引き売りが主流となると、棒手振はもう廃ってしまった。そこで「棒手茶屋」もあらたに「潮待茶屋」という洒落《しやれ》た名称を唱える。潮が満ちて船が河岸に着くのを待つという意味だが、これは日本橋川が潮の干満の影響を受けやすく、干潮時にはしばしば船が着けられなかったことに由来する。もともと河岸の茶屋は茶を飲みながら荷の到着を待つ休憩所として生まれたことを考えれば、理にかなった名前かもしれない。

それから一〇〇年あまり。船から鉄道、そしてトラックへと輸送方法は移り変わり、魚屋のスタイルも行商から店頭販売へ、現在では量販店の鮮魚売場が主流となった。水産取引はすっかり様変わりしたわけだが、今なお往時を偲ばせる呼び名が生きているのは不思議なことだ。しかし、効率性ばかり問われる流通現場において、人々に何かしらほっとした気持を抱かせるのも事実である。

ターレとガイジンさん

「マジあれ乗ってみたい」と河岸にお昼を食べに来たＯＬさんらの注目を集めるターレ、といえば円筒形の駆動部に平板の荷台のついた、あの構内運搬車のことだ。河岸で見るターレはカッコいい。くわえ煙草の兄哥《あにい》が魚荷を満載させて颯爽と走らせる姿など、まさに「河岸の男」である。やはり暴れん坊将軍には馬、市場人はターレでなくてはならない。ＯＬさんならずとも、河岸を訪れる人にはちょっとあこがれの乗り物だ。

ターレは正式には「ターレットトラック®」といって(株)朝霞製作所の登録商標である。ほかにも(株)関東機械センター製の「マイティーカー」が活躍しているが、河岸では全部ひっくるめてターレと呼んでいる。最近はガソリン車から電動車「キャリスター」に移行しているが、これまた電動ターレと勝手に名づけてしまったから、河岸の人はよほどターレの呼称に愛着があるのだろう。

さて、この運搬車の特徴は何といっても小回りが利くことだ。狭い場内を抜けるにはうってつけである。その機動性はステアリングと動力が一体化して同時に旋回するところにある。切れ角が約二七〇度もあるから、最小回転半径二メートルちょいで、三六〇度くるりと転回できてしまう。ただしパワステはついてないから、ハンドルはひどく重い。それにステアリングの内側に同心円状にアクセルがあるので、これを手で押しながら素早く回るのはちょっとした慣れが必要だ。振動もすごくて、喋りながら運転すれば舌を噛みそうになるし、食後に乗ると胃が腸のあたりに下がった気分になる。

運転席の後背フェンスのところに申しわけ程度の座席がついているが、これに腰掛けて運転することはない。

立ち乗りが基本である。河岸の由緒正しき乗り方は、まず、運転部に身体を斜にして立つ。これはおおよそダークダックスの角度がちょうど良いだろう。そして心持ち前傾姿勢を保ちつつ、右手はステアリングアクセルの上に置く。しかし左手はあくまでもフェンスに水平に乗せたままだ。こうすると音羽屋みたいなカタチになるし、荷台にも気を配れるから、冷凍マグロを道端に落っことす事態も避けられる。

　混み合う場内で巧みにターレを操り、互いにギリギリにすれちがう術《すべ》は市場人マスターの妙技である。河岸に入ったばかりの者がなかなか乗せてもらえないのは、事故を起こす、交通の流れに乗れないなど、周囲に迷惑をかけるからだ。ターレをまかされたら一人前という感じだろうか。だが、わたしなどはナイショで結構乗り回していた。どうにもヒドイ運転で、自分でもわかっていたのだが、下半身にタメがつくれないから、ついアクセルに身体をあずけてしまうのである。これが危うい。いざというときにハンドルを切るのが遅れる。それでしばしば車体をこすったことは、もう時効だから書いてもいいだろうか。ついでに千代橋公園の裏で歩道に乗り上げた件も白状してしまおう。

　ちょっとコンビニに寄ろうと路肩からスロープに軽く車を入れようとしたのだ。前輪が滑り落ちてフロントステップが歩道の段差にガチッとはまってしまった。ギアをバックに入れても動かない。一旦降りて力一杯押すが、びくともしない。すっかりお手上げ状態である。どうしたものかと途方に暮れていると、そこに通りかかったのが、ちょうどテレビドラマ『24』のジャック・バウアーを横長に広げたような巨漢のガイジンさん。近づいて来るなり早口でまくしたてる。英語なのだが、セリ人Mさんのセリ声によく似ていて、何を言っているかさっぱりわからない。だが、どうも「オレが助けてやる」ということらしい。ガイジンさんはアイガーリとか言いつつ運転席に立つと、太い指でアクセルを握りしめ、「ＯＷ！」という叫び声もろとも飛び跳ねた。その途端ガタッとターレが車道に落ちたのである。わずか二秒の早業だ。すごいぞガイジンさん。ところが彼は運転席でオー・マイガッなんてつぶやいている。それから難しい顔で何か言ってくるが、やはりセリ声みたいなので、以下、洋画の日本語吹き替え風にいってみよう。

「いいニュースと悪いニュースがある。どっちを聞きたい？　まず、いいニュースの方は車がきちんと地面に降りたので、お前はここに野宿しなくても済んだことだ。次に悪いニュースの方だが……どうやらそのショックでモーターがおしゃかになったことさ。だからスーツケースよりも重い荷物を持ち帰らなければならないな」

まったくなんてこった。またも茫然としていると、そこに運よく知り合いのターレが通りかかった。三人降りてきて、皆でターレを押してくれたので助かったのである。横をみるとさっきのガイジンさんもいっしょに押してくれる。ガイジンさん、いい人だ。

なんとか河岸にたどり着いて、ともかく酒井（輪業）さんのとこにドック入り。「皆さん、どうもありがとう」と礼を言うと、皆でガイジンさんとハイタッチしている。自販機で缶コーヒーを買って配ると、ガイジンさんはグローブのような手でがっしりと握手をしてくれた。そして「俺は連邦捜査官ジャック・バウアー。今日は俺の人生で最も長い日になる」と言ったかは定かでないが、ＨＡＨＡＨＡと笑いながら、もと来た道を帰っていった。

ありがとうジャック。何だかわからないけど楽しい思い出ができたよ。

やはり河岸の男にはターレが似合う。

このような状況でもターレの流れが停滞することはない。

魚河岸の歴史（一）

魚河岸の創始者と伝えられる森孫右衛門《まごえもん》は謎に満ちた人物である。初め見一《みいち》姓を名乗り摂津国《せっつのくに》佃村《つくだむら》（現大阪市西淀川区佃町）の名主をつとめた孫右衛門が、江戸で魚市場を開くに至る経緯は、河岸に残る「魚問屋ノ起源」に記されている。それによると天正一〇年（一五八二）、徳川家康公上洛の砌《みぎり》、住吉神社参拝の際に渡し船がなく難儀されたのを、孫右衛門配下の船で無事に川を渡ることができた。家康公は孫右衛門の家に休息に立ち寄られ、そのとき庭の三本の木を見て、これからは森姓を名乗るがよかろうとお仰せになった。

この伝承には隠れた意味があるという。奇《く》しくも家康が住吉神社を参拝した直後に本能寺の変が起こっている。危険を察知した家康はわずかな人数で伊賀の山中から伊勢に至り、船で三河へと渡る脱出を決行した。俗にいう「伊賀越え」である。実はこの危難を孫右衛門が救ったというのが伝承の絵解きだ。服部半蔵《はっとりはんぞう》とともに山行を助けた「忍者説」や、軍船を操り海上突破する「海賊説」が市場関係者に語り継がれている。その真相は定かではないが、中世海民の血を引く孫右衛門一党が相当の戦闘力を有していたとみるのは、あながち荒唐無稽な話ともいえない。事実、後の大坂の陣では「漁船を軍船に仕立て」参戦したことが、『江戸名所図会』に記されている。ちなみに大坂の陣には江戸前海沿岸の漁民らも水主役《かこえき》（海上の物資調達役だろう）に徴用され、その褒賞として漁税免除の「言《げん》の字船」の証を授かっている。

さて、豊臣家の御膝元大坂にいながら家康との関係を深めた孫右衛門は、いよいよ天下の趨勢は徳川との判断から、天正一八年（一五九〇）、一党三〇余名をひきつれて新天地江戸へと渡った。江戸前海の漁業権を得た孫右衛門らは、進んだ関西漁法を駆使して魚をとり、白魚献上のほか幕府御膳御用を勤めるようになる。このとき御用残余の魚貝を市中で売り始めたのが魚河岸の起こりだ。ただし、日本橋付近は在来漁民が慶長六年(一六〇一)まで魚市場を開いていたため、当初は江戸城舟入掘のある道三河岸《どうさんがし》で露店の商いをおこなっている。後に在来市場の移転と日本橋界隈の市街地造成に合せて日本橋小田原町に入りこみ、周辺地域を浸食するように魚店を広げて魚市場の体《てい》をなした。魚河岸の起立年には諸説あるが、おそらく慶長八年(一六〇三)前後のことだろう。

当初、孫右衛門たちは彼らの庇護者であった安藤対馬守《つしまのかみ》の屋敷などに分宿したが、寛永七年(一六三〇)に江戸向島と呼ばれる鉄砲洲沖の干潟百間四方を拝領する。そこを一〇年あまり費やして自ら造成し、故郷の佃村にちなんで佃島と名づけた。これを機に孫右衛門一党は佃島を根拠地として漁をおこなう生産者グループと日本橋魚市場で魚類販売をおこなう問屋グループに分かれていく。

日本橋魚市は孫右衛門らの努力で次第に拡充をみたが、その繁栄の画期となるのは元和二年(一六一六)に大和桜井から来た魚商大和屋《やまとや》助五郎《すけごろう》の登場だろう。魚河岸興隆の祖として孫右衛門とならび称される助五郎は、活魚養殖や輸送技術であるとか、仕入金による産地支配など、後の魚市場経営基盤を形づくる新手法を持ち込んだ。強大なライバルの参入は孫右衛門一党にとっては脅威であり、当然のこととして商売上の衝突を生むが、助五郎の成功に導かれるように関西の魚商人が続々と参入してきて、魚河岸の規模は格段に大きくなっていった。

こうして徳川家康の江戸入国から、およそ九〇年を経過した貞享の頃(一六八四—八七)には、江戸前海の生産力増加とあいまって、日本橋魚市場は江戸の三大繁盛地に数えられるほどの発展をみるのである。

魚河岸の歴史（二）

魚河岸は御城へ魚を届けることを第一義とした。それは大変な名誉で、幕府上納の高張提灯を掲げた荷車が江戸城竜の口の賄所へとくり込むときには、大名さえも道をゆずったといわれる。また、魚問屋たちにとって納魚で得られる幕府御墨付の恩恵は大きかった。生産地を支配して有利に魚を集荷するには、幕府御用達の御威光がものをいったのである。過当競争の激しい市場内では、納魚実績の高い魚問屋ほど発言力も増した。納魚は前日に幕府賄所から「これこれの魚を揃えて欲しい」という指示を受けて、河岸の組合役員が交替で勤める月行事《がちぎようじ》が、月ごとに定められた地域の魚問屋から品物を取りまとめて納入する。実際は統括責任者の采配に負うところが大きく、これが有力魚問屋の奪い合う名誉職となった。

ところが納魚に支払われる対価はあまりに安い。「本途値段《ほんとねだん》」といって、市価のおよそ十分の一程度で買い叩かれてしまう。さらに魚種にも決まりがあって、タイ、コイ、ヒラメ、シラウオなど高級魚限定だからたまらない。その上、江戸城中での魚需要は増える一方であったから、魚問屋の負担はひとかたではなかった。そうなると名誉のありがたみも薄れる。次第に納魚忌避に走る問屋も出て来た。幕府は納めるべき魚が滞るなど不届き千万とばかり、何とか魚を召上げようと強硬手段に打って出る。

寛政四年（一七九二）、幕府は江戸橋際に魚納屋《うおなや》役所を設ける。そこに専門の買役を詰めさせて、半ば強制的に魚を取り上げた。この買役というのが実に粋がったもので、藍《あい》の小袖に黒無地の八丈を羽織《はお》り、懐手《ふところで》に手鈎《てかぎ》をのぞかせて売場をあさり回る。店内から問屋の穴蔵までひっかき回し、めぼしい魚がないときには、「御用だ」

と道ゆく棒手振の盤台にまで手鈎をかけた。彼らの目にとまったら最後、どんな高級魚も二束三文で召し上げられてしまう。

魚河岸は江戸時代を通じて、このような役人とのやりとりに明け暮れながらも、その御威光は手離さずに、もっぱら一般市民への売買で利益を得た。だが、権力との緩やかな関係は、天保一二年（一八四一）に断行された天保の改革によって一変する。物価高騰の元凶は有力商人の流通独占であるとして、厳しい取締りがおこなわれた。魚河岸は取り潰しこそまぬがれるが、その特権的支配力はいちじるしく低下する。産地支配の基盤がくずれて、漁村がどこへでも自由出荷できるようになると、江戸市中に魚市場が乱立していく。もとより江戸の水産流通は魚河岸の独占ではない。江戸前の魚貝専門の芝の魚市場（落語「芝浜」に出てくる魚市である）があり、魚河岸の対岸には塩干物の四日市市場があった。それと隣接する新材木町には横須賀方面の漁民のつくった新肴《しんさかな》場（俗に新場）もできる。そこに深川、築地の漁民が産地とつながって新市場を開いた。いずれも魚河岸よりも高い仕入れ値を謳い文句に荷引きして魚河岸と激しく対立する。それが嘉永五年（一八五二）二月、富津村から築地魚市場へ送られた生魚船を日本橋魚市場が差し押さえるという抗争沙汰に発展する。この事件は名奉行と名高い遠山の金さんが仲裁に入り、深川・築地両市場の日本橋魚市場への編入を勧めたことで、これにて一件落着とあいなった。

落着はしたものの、もはや支配力を持たない魚河岸に漁民の自由出荷を止める力はなかった。ほどなく幕府は瓦解《がかい》し、後ろ盾を失った魚河岸は、かつての地位をとり戻すことがついにできないまま近代を迎える。

魚河岸の歴史（三）

明治になると、幕府という後ろ盾を失くした魚河岸は産地への支配力を低下させた。そこに人口減少が追い打ちをかける。士族の消えた町は灯の消えたようになり、一時、商いは閑古鳥の鳴くありさまとなった。しかし、明治の中頃になると、東京市の人口拡大によって魚河岸の商売もようやく息を吹き返す。かつての権勢はないものの、商いの盛況ぶりは往時をしのぐまでに回復した。

ところがここに問題が勃発する。明治の日本橋界隈は海外の外交官や商社マンの闊歩する経済の中心地として急成長していた。そのとき大通りに面した場所に生臭く非衛生的な魚市場があるのは不体裁だとヤリ玉にあがる。おりしも明治一〇年代以降、引き続くコレラの大流行によって一万人を超える犠牲者が出る。市民はコレラ禍の原因は東京の中心部に不潔な魚河岸があるせいだと噂し合った。実はコレラと魚は何の関係もないのだが、これを契機に迷惑施設を東京の中心から移転させるべきだという論議が盛んとなる。明治二一年（一八八八）には、東京市域の衛生と防災及び交通の利便を図ることを目的に「東京市区改正条例」が成立、これを受けて同二五年、日本橋魚市場に対して移転命令が下った。しかし、政治的折衝から一〇年間の延期となり、さらにその後も五年、五年、三年と市場移転は次々に延長され、ついに大正の御代を迎える。

市場移転は大正六年（一九一六）の「米騒動」をきっかけに急展開をみる。第一次大戦の好景気で米価が高騰、さらに大戦景気で生まれた成金が米相場に投機したことで、さらに値段がはね上がった。これでは生活がなりたたないと、富山県魚津町の漁民を中心とする人々が蜂起《ほうき》した打ちこわしは、すぐに全国へと波及する。三六九カ所で暴動が起こり、参加人数一〇〇万人、軍隊の出動回数も一〇〇回以上にのぼった。社会を揺り動かす民衆の怒りに震撼した政府は、生活必需品の安定供給を図る社会施設の設置が急務であるとして、早急な法整備に乗り出した。それが大正一二年(一九二三)の中央卸売市場法制定につながる。このとき、既存の市場を公設市場につくり変えることが決まり、魚河岸に白羽の矢が立った。だが、いかに迷惑施設とはいえ、問屋の持ち物を公設のものとすることは容易ではない。そうした状況のなかで九月一日に関東大震災が勃発する。思いもよらぬ大災害が市場移転問題を一気に解決してしまったのだ。灰燼《かいじん》に帰した日本橋魚市場は、芝の仮設市場での一時営業を経て同年一一月、なしくずし的に築地の海軍施設跡地に移転し、そこにバラック建ての「東京市魚市場」として営業を開始する。

東京市の土地に収容されたことで、開設権利者は魚問屋から東京市へと白紙委任されたわけだが、三〇〇年あまりも閉鎖的な商いを続けて来た魚河岸の、複雑な権利関係をはらんだ旧弊は多く残されたままだった。

たとえば板舟権《いたぶねけん》というものがある。板舟とは幅一尺三寸、長さ五尺(約七〇㎝×一五〇㎝)と定められた板で、仲買がこれを公道にせり出して商売をおこなう際の一種の庭銭《にわせん》としてまかり通っていた。もとは江戸の享保年間に南町奉行大岡越前守が無秩序な売買を抑制するためにつくったが、後に所有者の権利となり、大正時代には一枚あたり、現在の貨幣価値で数千万円というような高額で取引されていた。その既得権が震災後の半ば強制的な移転で失われたのだから補償しろと大騒ぎになる。このとき補償金を有利に引き出そうと市場関係者が市議に賄賂を贈ったことが明るみとなり、昭和三年(一九二八)十一月、おりしも昭和天皇即位の大典で祝賀ムードに沸くなか、市会議員が次々と検挙される疑獄事件へと発展して、世間の耳目を大いに集めた。

結局、旧態依然たる魚河岸が中央卸売市場として生まれ変わるには長い時間を要した。業者たちは日本橋から移ってから足かけ一二年、巨大市場完成後もそこに収容されることを拒んで、市場敷地の真ん中でバラック営業を続けたのである。

ともあれ、昭和一〇年（一九三五）に東洋一の規模を誇る中央卸売市場築地本場が開場する。水産物取引は順調に伸びるが、それもつかの間、第二次世界大戦が始まると国家統制経済の下で、築地市場は配給機関に組みこまれた。中央卸売市場は誕生間もなく、その機能を停止したのである。

戦後は市場施設がＧＨＱに接収されて、市場内には巨大なランドリーがつくられた。市場機能は失われたままだったが、食料問題は喫緊であり、ことに水産物配給は日本人の生命線であったから、築地市場は忙しく動く。昭和二五年（一九五〇）には市場取引が本格的に再開され、仲買も復活をみる。これ以降、戦後日本があらたに水産国として躍進をとげるのと歩調を合わせるように、築地市場は年々取引高を積み上げていった。

昭和四六年（一九七一）には、時代の変化に対応すべく卸売市場法が発布される。これまで仲買は附属業者としてのあつかいであったが、あらたに仲卸として市場業務の中心に位置づけられた。流通をとりまく環境はめまぐるしく変化していくなかで、築地市場の機能も時代遅れとなりつつあったが、旺盛な取引高がそれをカバーし、「都民の台所」「世界のツキジ」として、その栄華を誇ったのである。

しかし、日本経済のバブル崩壊とそれに引き続く大不況は市場業者にも多大なダメージを与えた。市場機能低下、取扱高減少などの問題が山積するなか、二〇一六年一一月をもって築地市場は八〇年余の歴史に幕を閉じ、豊洲新市場へと移転する。

たたずむ

夜明け前の市場。建物には煌々と明かりがつく。

一枚の区画に、ウナギ店とアナゴ店の帳場がならんでいる。

■1掃除用の竹ぼうき。市場ではよく使われる。■2活きのいいアナゴ。■3天井から吊された茶屋札。

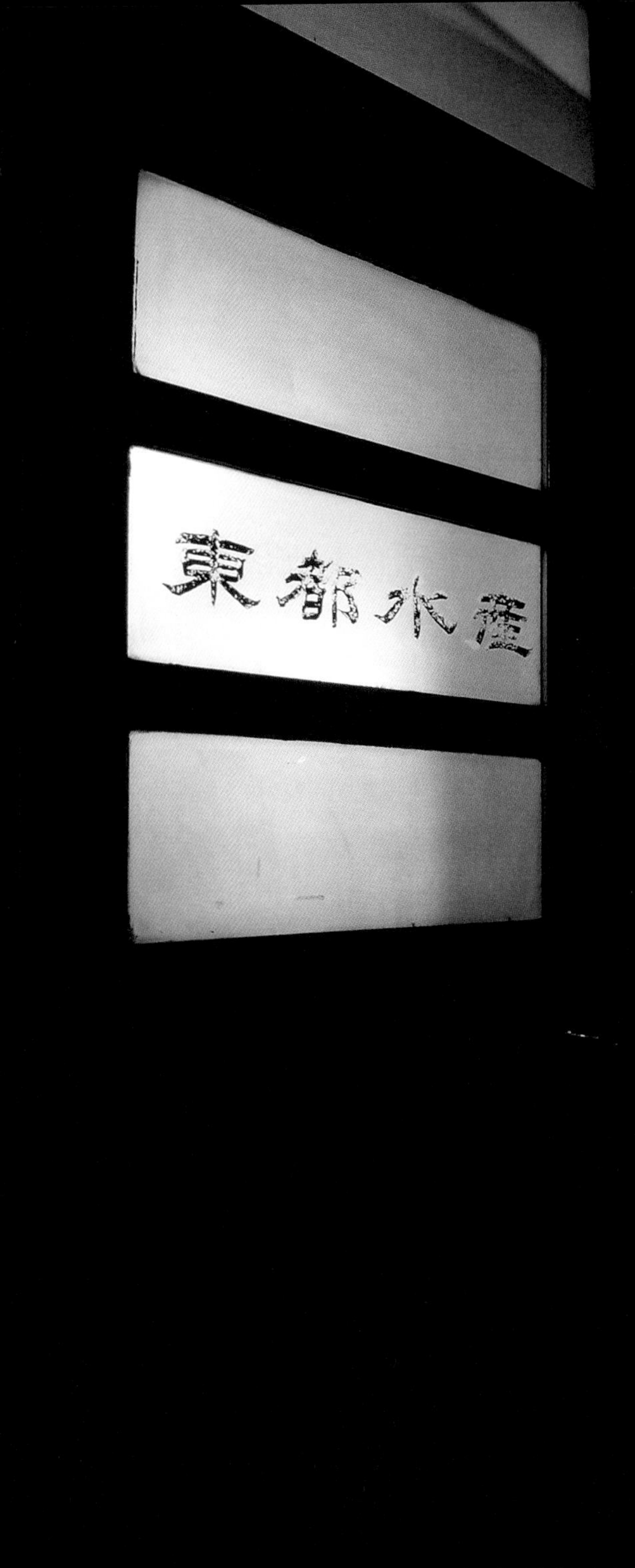

市場内の事務棟。建設当初のままのカーブした廊下は歴史と物語を感じさせる

栈橋寄りの荷物置き場。昔は船で魚が運ばれていたが、現在はトラック。

TREX
東京
RCC
築地

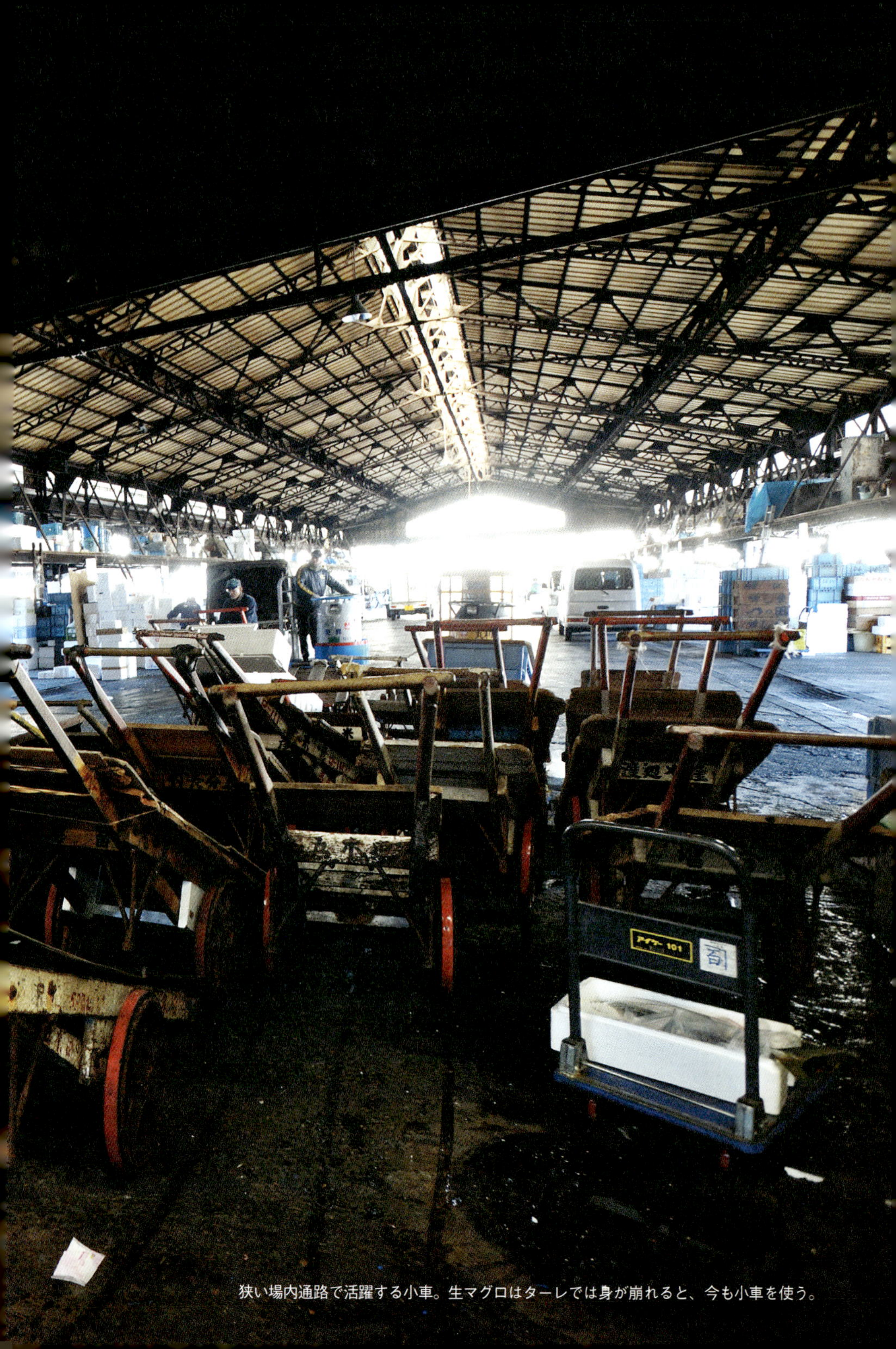

狭い場内通路で活躍する小車。生マグロはターレでは身が崩れると、今も小車を使う。

90
No.2
No.6
佃

（上）冬の青空に映える市場。（下）勝どき橋から見た朝の隅田川。

（上）場内にある水神社遥拝所鳥居。（下）電線が巻き付いた不思議な建物。

昼過ぎの閑散とした市場。人の流れが少なく、のんびりした空気が漂う。

1

2

3

1 ぽつんと残された小車。**2** 海水で洗うので、錆びてしまったマンホールの蓋。**3** ホースも生きているようだ。

(上)海幸橋門の外にある波除神社。市場に縁が深い。(下)手前右が波除神社でその正面が場外市場。

（上）活気あふれる大通路。（下）きれいな発泡スチロール箱は洗って再利用する。

隅田川対岸から見た市場。夕闇迫る頃、早くも明日の準備に取りかかる。

2章 市場百景

人より魚がエライまち

空の上から東京を眺めたなら、建造物の直線が織りなす巨大都市の一画に、異色な空間があることに気づくだろう。高層ビルの乱立する臨海部に、そこだけぽっかりと軒の低い建物。そこが河岸だ。ぐっと視点を下げて覗き込んだら、この場所が東京中でとりわけ忙しく動いているのがわかる。朝早くから、トラックが、ターレと呼ばれる運搬車が、人力の小車が、魚をのせて右に左に行き交うさまは、まるでお祭りのような賑やかさである。それに、ここで働く人々の勢いといったら。さらに近づいて、その声を聞いてみると——

「ばかやろう、この魚いくらだ?」

「バカヤロウ、景気はどうだ」

「馬鹿野郎、これうまいから食ってみろ!」

何て荒っぽい言葉だろう。しかし、怖がる必要はない。何かというと会話に「ばかやろう」とつくのは河岸流の挨拶で、「こんにちは」とか「ごきげんよう」と同じようなものだと思ってさしつかえない。近頃はずいぶん穏やかになったが、ときに喧嘩腰のように見える荒っぽさは、忙しく動き回る河岸ならではものだ。魚荷を満載したターレがすれすれに行きちがう。隆々たる筋肉にほとばしる汗。力自慢の若い衆《し》が曳く小車には、丸太のような冷凍マグロが山と積まれる。ぼやぼやしていると、ぶっとばされそうだ。

それにしても、なぜこれほど忙しいのか。それは、すべて魚のためなのだ。魚の鮮度、品質を落とさず、お得意へと供給するために河岸の朝は目まぐるしく回転する。もたもた歩いていてターレに轢《ひ》かれたなら——轢かれたほうが悪いことになっている。それはまあ言い過ぎとしても、魚荷をひっくり返すくらいなら人間がひっくり返ったほうがマシというのが河岸のやり方だ。なぜなら、ここでは人間サマよりも魚のほうがエライからである。

ある春先のこと。売場に寒鰆を見つけた。それがあんまりキレイだったので、つい手をのばして尻尾に触れたとたん、「このばかやろうっ！」店主の怒気をはらんだ声が飛んで来る。この場合の「ばかやろう」は、もちろん挨拶じゃない。実はサワラは身がとてもやわらかい魚。身くずれしないように、市場の人間は必ず両手で押し戴くように丁寧にあつかう。尻尾を持つなどもってのほかだ。殺されそうな勢いで怒鳴られるのは当然なのだ。魚をまともにあつかえない奴など出ていけ！

けれども、魚さえきちんとあつかえたなら、多少の問題があっても一人前として認めてもらえる。身体に綺麗な模様のある人や、言うにはばかれる理由《いわく》をもってころがり込んだ人も受け入れる。そんな懐の深さが河岸にはあった。ここで働きながら歌手や俳優として大成した人もいれば、夢はかなわなくとも、自分らしくやっている人はたくさんいる。人よりもサカナが優先されるところだが、個性を貫けるという点で、あるいは外の世界よりもずっと生きやすい空間かもしれない。

古い、狭い、汚いなどと、時代遅れのようにいわれるが、海や川でとれた魚を早く、安全に、価値を損なうことなく消費者に届けるために、これほどうまく機能している施設はないだろう。大都市の仇花《あだばな》のような一画で、毎朝続けられるお祭り騒ぎこそ、日本の食文化になくてはならないルーティンワークである。

シマ

河岸はいつから観光地となったのだろう。平成に入った頃から、築地ツアーを洒落こむ外国人観光客が目立っていたが、それから数年すると日本人もたくさん訪れるようになった。築地の場内外へ出かけて食事をしたり、買い物を楽しんだりする。築地通を自認する人などは場内の仲卸と知己を得て、魚をわけてもらうとか、ブログのネタにする、なんてことが典型的な築地の楽しみ方となった。週末の河岸など、さながらアミューズメント施設の様相を呈している。しかし、ひと昔前には一般人が河岸に足を踏み入れるなんて考えられなかった。最初にも書いたが、河岸は何ともおっかない場所であり、部外者が立ち入ることを拒絶するような空気があったのだ。

昭和年代まで、世間は河岸を「窟《シマ》」とか「伏魔殿《ふくまでん》」と呼び、外界と隔絶された別社会のように認識していた。司法の手も入らぬ番外地という人までいたくらいである。多少の誇張はあるにしろ、社会常識とは一線を画す空間だったことはまちがいない。昭和二六年一二月一〇日付の読売新聞は「築地のシマ」と題して、映画のロケ中に遭遇した市場人の奇行を伝えている。「……何だオメエらはとジロジロ見る。俳優を驚かす。ボヤボヤしているとビンが飛んでくる。そして突然走りこんでくる裸男にギョッとする。若い軽子が寒中にも関わらず裸でいるのは威勢が良いというのを通り越して痛々しいくらいだ……」。

そこには河岸のしきたり、大げさにいえば「河岸の法」といったものがまかり通っていて、市場内を裸で歩こうと、ターレを歩道に乗り上げようと、脇で賭事に興じようとおかまいなしだ。それが世間をしてシマといわしめたのだろう。この異空間に一般人がうっかり入ってしまって難儀した話は数多い。

学生運動の盛んな頃である。銀座辺でデモった全学連五、六人が機動隊に追われて河岸に逃げ込んだ。怖いもの知らずというか、そこがどんな場所か知らなかったのだろう。「えらいところに入ったなあ」追って来た機動隊は河岸を遠巻きにしてなかに入ろうとしない。頃合いも昼下がり、仕事上がりに一杯ひっかけた連中がうようよしていた。そこにヘルメットに角棒を持った学生が飛び込んだものだから、「何だオメエ。学生のクセになまいきだナ」と学生を取り巻いてジロジロ見る。しまいには「おまわりに追われているなら、悪い奴にちがいねえ」と追いかけだした。何しろ数十人がマグロ包丁や手鉤《てかぎ》を持って、すごい形相で迫って来るからたまらない。命の危険を感じた全学連は外に待機していた機動隊にほうほうの体で保護を求めたという。このほかにも映画スターが高級外車を台無しにされたとか、アイドル歌手が驚かされたとか、この手の話は枚挙にいとまがない。

しかし、こうした番外地な河岸がまかり通ったのも昭和時代までだろう。平成の世になると、法令順守《コンプライアンス》なる概念が河岸にも否応なく入って来る。裸で歩くことはもちろん、歩道をターレで走るなんてとんでもない。賭事などはもってのほかという御時世となった。バブル崩壊のあおりを食って元気を失くしたともいわれるが、河岸の人々はすっかりおとなしくなり、蛮行や奇行も鳴りをひそめた。それまでのシマというイメージは払拭されていったのである。それと代わって河岸は「食のワンダーランド」（本当は人間のワンダーランドだが）として見直され、週末には観光客で賑わうこととなった。

東京から最後の秘境が失われて残念な気もするが、現在の観光客の賑わいをみると、きっとこれで良かったのだろう。

若い衆《し》とお姐《ねい》さん

近頃はエイジレス・ライフなどといって、年齢を重ねても社会参加することが奨められたりする。もっとも、国が提唱しても、実際に高齢者の活躍の場を増やすのは、なかなか難しいらしい。それならどうだろうか（あまり参考意見にならないが）、ひとつ河岸で働いてみたら。エイジレス・ライフなるものが、齢を取っても働けるということなら、河岸ではそんなことはとうに実現している。

実際、河岸は高齢者の比率はかなり高い。それに彼らは一様に元気である。何しろ威勢を売り物とするのが商売だから、ここで渡世して来た者は年齢を経ても、やはりシャキシャキしている。これが家へ帰ると持病の神経痛で呻《うな》っているかもしれないが、少なくとも河岸にいるときは年齢など微塵も感じさせない。そういう人を周囲も決して年寄りあつかいはしない。たとえば彼らが重そうな荷を担いでいるのを見かけても、黙って見守ったりする。不人情ではなく本人の気概をそいではいけないという気遣いだろう。

ところで、エイジレスな河岸にふさわしい言い回しがある。たとえば「若い衆《し》」というものだ。これは仲卸で働く使用人の通称なのだが、河岸では彼らを年齢に関係なく「若い衆」と呼ぶ。「今、若い衆に行かせるから」といわれて待っていると、とんでもないお爺さんが現れたりするのだ。「若い衆さんで？」と訊くと「そうです」と答える。ここではとくに珍しいことではない。河岸には齢《よわい》七〇を数えて、なお現役バリバリという「若い衆」はざらにいるからだ。河岸では生涯「若い衆」で終わる者が少なくない。

これが女性となると、年齢はもっと微妙な問題だ。河岸のご法度に実年女性に向かって「オ・バ・サ・ン」の四文字を発してはならないというのがある。ここでは年齢問わず、すべての女性が「お姐《ねい》さん」で通っている。

「おう、おめ、今日何食うんだぁぁ。かつをぉ？　おおうぃ、カツオの注文だよぉぉ！」と、ご登場願ったのは、ちょっとここに名前の書けない飲食店「△△」の女将だ。いやもう実に凄味のあるオバ……お姐さん、で、ひと睨みで屈強な野郎も震え上がる迫力の持ち主である。その本人を前にすると、にわかに信じ難いことではあるが、迫力満点のお姐さんも、かつては本当のオネエサンだったのだ。娘時代の話である。河岸では若い娘はとても希少なので、ちょっと買物に出るにもトイレに行くにも周囲のオヤジ連中から声をかけられたりする。それはまあ好意なのだが、外の世界ではセクハラまがいのセリフをでっかい声で言われるので、ちょっと頬を赤く染めたりもした。だが、可憐なオネエサンも河岸の「男の世界」に長く身を置いていると、やがて男どもを圧するたくましさが身につくのだ。いろいろ苦労をして、できあがった河岸のお姐さんは、迫力もあるが、どこか情にこまやかな「可愛い人」である。だから河岸では彼女たちに愛情をこめて「お姐さん」と、こう呼ぶのだ。

齢をとると身体はきかなくなるし、不安ばかり大きくなって、先々に良いことなどないように思えてしまう。本当はそんなことはないはずだ。人生後半のステージを楽しみたいではないか。河岸の人々を見てみよう。彼らは長年ここで働いて来た経験を活かして堂々としたものだ。周囲も彼らを信頼し、尊重している。そういうのをリスペクトというのだろうな。河岸の「若い衆」や「お姐さん」を見ていると、齢をとるのも悪くないものだ、とちょっとだけ思う。

魚を数える

数をごまかすことを「サバを読む」というのは、どうやら河岸のほうからでたことばらしい。

日本橋魚市場には五十集衆《いさばしゅう》といって、サバやイワシなどの多獲魚を専門にあつかう業者がいた。彼らが魚を数えるときには、サバなどを一度に手に握る数を四尾と決めて、その動作を一〇〇回くり返せば四〇〇尾、というふうに、いたって大ざっぱに勘定した。そして、時々わざと一尾ごまかして三尾にしたりするので、それを「サバを読む」というようになったという。本当のことなのかわからない。だが、いかにもありそうな話だ。

河岸にはまた、独特の数え唄がある。やはりイワシやサバなどの小型魚を数えるもので、

「〽ひとひと(一)、ふたふた(二)、みっちょうや(三)、よっちょうや(四)、いっちょうや(五)、むっちょうや(六)、なんなんや(七)、やっちょうや(八)、きゅうちょうや(九)、とうよとな(十)」

これを調子よく唄うようにして小魚を仕分けていく。その節回しは、ことばで伝えにくいが、なかなかの名調子でやることになっている。まれに仲卸店舗を歩いていると耳にすることがあるのだが、たいてい「オレ流」でやるから、それが正統な節回しかどうかは、よくわからない。

とにかく調子にのせて、手もリズミカルに動かすのがコツで、昔の小僧さんは「そんな数え方じゃ、魚が腐っちまうよ」などと叱られながら習得した。独特の調子に合わせて数えていると、なんとなく魚の活きが良く見えるから不思議なものだ。商売にも活気が出る。途中で一、二尾ごまかしても誰にもわからない。何だか河岸ではいつも数をごまかしているみたいだが、何しろ日本橋魚市場時代の話である。昔から河岸では高級魚が主役で、

多獲魚(回遊魚など、いちどにたくさんとれる魚。多獲性浮魚とも)などはちょっと雑なところがあった。小魚なんて途中で面倒くさくなって、いい加減に数えたのだろう。

ところで、魚はとても種類が多いから——何と三万種におよぶ。これは地球上の生物で二番目に多い。一番多いのは昆虫の八〇万種だ(!)——一匹、二匹、あるいは一尾、二尾ではなく、変わった数え方をするものがある。ちょっとしたウンチクとして紹介しておこう。

たとえば、タコやイカは一杯、二杯と数えるが、これは貝の音読みの「バイ」からきているという。タコもイカも貝類も同じ軟体動物の仲間であるからだ。もっとも、殻つきの貝は一個、二個と数えるから、あまり当てにならない説かもしれない。

カツオ、マグロなど大型の魚は一本、二本という、これは丸太と同じような数え方だ。

クジラ、イルカは一頭、二頭と数える。魚類ではなく哺乳動物だからだろう。

コイを一折《ひとおり》、二折《ふたおり》というのは、祝事などでうやうやしく折り詰にするから。

シラウオ、サヨリなど細長い魚は箸ではさんで一条《ひとすじ》、二条《ふたすじ》と数えた。これが二〇条まとまると一樗蒲《ちょぼ》となる。昔は二一条で一樗蒲だった。サイコロの目が全部合わせると二一となる。それでサイコロ一個で遊ぶ博打を「チョボイチ」という。

平たい浅草海苔や干しスルメは一枚、二枚と数えるが一〇枚束ねると、海苔は一帖、スルメは一連《いちれん》。ニシンは二〇〇尾で一束《いっそく》となる。

符牒

特定の仲間同士で秘密裏におこなう伝達方法に符《ふ》牒《ちょう》というのがある。とくに犯罪方面にはたくさん存在する。たとえば「シャブ＝覚醒剤」とか「足がつく＝つかまる」などがそうだ。「ヤバイ」なんてものも「危《あやぶ》い」が訛化《がか》した隠語らしい。初めはその筋の人だけがもちいる符牒であっても、ひとたび一般化してしまうと、「シャブは足がつくからヤバイぜ」なんていったら、そのまま伝わってしまうのでヤバイ。

さて、河岸にも多くの符牒がある。ここでは金額をあらわすものをお教えしよう。

まず、一から九までの数字を次のように言ったりする。

ピン(一)・リャン(二)・ゲタ(三)・ダリ(四)・メノジ(五)・ロンジ(六)・セイナン(七)・バンド(八)・キワ(九)

ピン(一)はポルトガル語で一をあらわす「pinta」から来たらしい。「ピンからキリまで」とか「ピン芸人」など一般にもつかわれる。リャン(二)は中国語で二(対)の唐音《とうおん》読み。江戸時代には二本差しの侍を「リャンコ」などと呼んだ。ゲタ(三)は下駄の鼻緒の穴がみっつということから。ダリ(四)は昔の駕籠かきの隠語らしい。前棒と後棒で担ぐ駕籠かきの足が四本、という意味だろう……多分。メノジ(五)は目という字が五画だから。ロンジ(六)はロクノジがロンジと訛化したもの。セイナン(七)は七時の方角が西南にあたることから。バンド(八)は坂東八ヶ国(関八州)の洒落。キワ(九)は数字のくり上がる端という意味である。

また、数字のならびをナラといい、ピンナラ(一一)、メナラ(五五)などという。下の位に五がつくときにはガレンをつけてピンガレン(十五)、セイナンガレン(七十五)ということもある。

以上は通り符牒というもので、河岸全体でつかわれている。そこから魚屋や寿司屋に広まったから、寿司屋で勘定のときに、ツケ台の向うで「△△さん、メナラ～」なんていうのを聞いたことがあるかもしれない。

これに対して内符牒というのがある。これは、仲卸店舗で客にわからないように値段を伝えるときにつかわれるものだ。よくつかわれる「宝船入りこむ」というもので説明すると、

た(一)・か(二)・ら(三)・ぶ(四)・ね(五)・い(六)・り(七)・こ(八)・む(九)――という具合に一文字ずつ数字をあてるわけだ。たとえば二五〇〇円であれば「かね」、四七〇〇円なら「ぶり」などとお帳場さんに通す。これは、くりかえしのない九文字の縁起の良いフレーズをつかう洒落た習慣だが、その起源は天正年間(一五七三～九三)、豊臣秀吉が大坂の雑喉場《ざこば》魚市場を御覧になった際に、「さりとは、おもしろい」といったのを符牒としてもちいたのが最初だといわれている。

現在、河岸では一〇種類以上が確認されているが、仲卸ごとにちがうものをつかうために、より機密性の高いものとなっている。よく知られているのは次のようなものだ。

一・二・三・四・五・六・七・八・九
よ・ろ・し・か・る・べ・き・こ・と　(宜しかるべき事)
た・か・ら・ぶ・ね・い・り・こ・む　(宝船入りこむ)
い・つ・ま・で・も・か・わ・ら・ず　(いつまでも変わらず)
あ・き・な・い・の・し・や・わ・せ　(商いの幸せ)

し・ろ・は・ま・の・あ・さ・ぎ・り（白浜の朝霧）
あ・さ・お・き・ふ・く・の・か・み（朝起き福の神）

このような内符牒は河岸特有のものかと思っていたが、ほかの業界にも同じようなものがあるらしい。社団法人大阪珠算協会のホームページにたくさん紹介されていた。ちょっと興味ぶかいので、そのいくつかをここに挙げてみたい。

一・二・三・四・五・六・七・八・九・十
野菜売　む・め・さ・く・ら・ま・つ・た・け（梅桜松竹）
荒物売　つ・る・か・め・ま・ひ・あ・そ・ぶ（鶴亀舞ひ遊ぶ）
干物売　や・す・く・う・り・よ・ろ・こ・ぶ（安く売り喜ぶ）
露店商　い・つ・も・ふ・け・い・き・な・し（いつも不景気なし）
料理屋　ね・こ・か・じ・れ・き・や・く・よ・べ（猫かじれ客呼べ）
タクシー　か・ね・も・う・け・は・こ・れ・で・す（金儲けはこれです）
花柳界　お・き・や・く・は・た・い・せ・つ（お客は大切）
バー　あ・の・き・や・く・は・の・ろ・ま（あの客はのろま）

河岸がそうであるように、同業者同士が競争をくり広げる客商売ほど、洒落た符牒が残っているようだ。

忙しい

「忙しいから、あとにしろ」

河岸で市場人に話しかけると、たいてい、こんな言葉が返ってくる。たとえそれが、どう見てもヒマそうにタバコなんか吸っている人であっても、うっかり何か言おうものなら、「うるせえぞ、オレは忙しいんだ！」と怒鳴られてしまうのだ。

人々が激しく行き交う繁忙時の市場内。あまりにダイナミックな市場人たちの動きは、慣れない人から見ると滅茶苦茶に見えるのだが、実は極度にルーティン化された行動パターンを取っている。

もしも、河岸がものすごく巨大なジオラマだったなら。空間を構成する人や車はすべてゼンマイ仕掛けのこしらえもので、ぶつからないのが不思議とも思えるターレの動きも、小車に積まれた今にも崩れそうな魚荷も、定められたレールに沿って反復運動をおこなう——そんな空想を抱いてしまうほど、河岸はつねに正確な行動をくりかえしている。だから、どんなに危なっかしく見えても、そのリスクは必ず回避されることになっているし、雑多に見える人の動きであっても、一人一人は理路整然とした行動をとっているのだ。

つねに無駄のない動きを機械的に反復している繁忙時においては、タバコ一本吸うにも無意識に計算して動いているのである。したがって、むやみに声をかければ、「忙しい」と言われるのは当然なのだ。

商売用語

「秋だよ、まさに秋本番だ。魚も風《ふう》もよくなるから、ウダウダ言わず、デブロクでも何でも、腹ンなかにおさめた者《もん》勝ちサ。ところが近頃はからっきし芸者のアタマときてる。まったく生簀の鯉の御時世だな。それで深川の盤台《はんだい》みたいな連中が集まって、これからバサラ組合の総会だ。こちとら組合長だよ。五月は鯉の吹流しだが、秋風吹けば納戸の裸電球でカラ元気さ……」

河岸では暗号めいた商売用語がたくさん飛び交っていて、会話を聞いていても、まるでわからないことがある。もっとも、わかったところで、大した話ではないことが多いのだが、一種の閉鎖空間における情報伝達術には、ちょっと面白いところがある。たとえば、右の台詞にはそうした商売用語がテンコ盛りだ。どんな機密情報が隠されているかもしれない。ここは暗号解読のつもりで慎重に読み解いてみたい。

まず、「風《ふう》」というのは魚の見た目のことだ。薄皮でまるまる太った魚をみて「風がいいね」などという。「デブロク」は大きさが揃っていないこと。見た目がきちんとしていない状態をいうこともある。次の「芸者のアタマ」はヒマな時をいう。芸者の頭→島田→ヒマだ、と転じた洒落。江戸っ子は「ひ」と「し」が区別できない。「生簀の鯉」はいつ料理されるかわからないので、先が読めないという意味。「深川の盤台」は利口者がいないたとえ。昔、深川ではバカ貝がたくさんとれたから。「行徳の盤台」ともいう。それから「バサラ組合」だが、そんな組合は存在しない。河岸では、かろうじて商品の体をなすがひどく質の落ちるものをバサラものと呼ぶ。それで安物で薄利を得る店をバサラ屋、そういう業者のつながりをバサラ組合などと茶化す。これは自分を卑下《ひげ》して称するか、悪口につかうことばなので、店の看板に「バサラ屋」などと書かれることはない。そして、「納戸の裸電球」。これは無駄に明るいこと。けなしているのではなく、たとえカラ元気であっても、河岸では明るい性格は褒められたりする。つまりこの台詞は、売場で一番話題に上る「景気が悪いね」ということを言っているのである。やはり大した内容ではなかった……。

こういう河岸のことばは、日常生活に何の役に立つものではないし、『声に出して読みたい魚屋語』なんてベストセラー本になることもない。けれど、どこか昔ながらの風情があって、そっと残しておいて欲しい気がする。

ここだけの話ということで、そんな魚にまつわる商売用語を紹介してみたい。

仲卸の商売では魚を仕入れることを「呼ぶ」、買出人が買っていくことを「連れてく」なんていう。「これはいい魚だよ。アナタのために特別に呼んだのだから、連れてって下さいな」なんて売り文句は、昭和時代によく聞かれた。

何しろ生鮮品の商いだから、品の良し悪し、お得意との行きちがいでうまくいかないことが多い。お客が「ションベン」することもよくある。買物をキャンセルすることを「ションベン」という。「悪いなぁ、今のションベンね」「そりゃねえですよ」なんてことは日常茶飯事だったりするのだ。しかし、やや大きい取引になると「ションベン」も簡単にはいかずに、互いに損を負担し合うこともある。損することを「泣く」といい、「この分はウチが泣きますから」というようなことで収める。

それから、魚がたくさん売れ残ると頭がいたい。これを「つかまる」という。「こいつにつかまって店が閉められねえ」、結局これが在庫となる。ひと口に在庫といっても種類があって、少し古くなった品が「アニキ」である。「そっちのアニキから売っちまえよ」と、これはなるたけ早く売りたいものだ。「アニキ」が売れずに在庫として残ると「ヒネ」と呼ばれる。去年から冷凍庫に眠ったままなんてものが「ヒネ」だ。さらにこれが二年目に突入すると「ヒネヒネ」となる。こうなると冷凍庫に牢名主のように鎮座して、なかなかお引き取りいただけない。それら売れ残りとは別にスーパーの特売などに備えて、魚の数を揃えるためにストックして置くのを「留めもん」という。売れ残りも「留めもん」ということもあるが、意図的に在庫としているものをいうのが普通だ。さらに、マグロなどを熟成させるために冷蔵庫に何日間か置くことを「ねかす」という。こちらは在庫ではなくて、商品価値を高めるための調整作業となる。

　魚をおろす作業にも変った言い回しがある。たとえば「かんぺい」というのは、魚のエラ、ワタを取りのぞくことだ。「このアジ、かんぺいにしといて」なんていう。なぜ、ワタを取ることを「かんぺい」というのか、語源がわからなかったが、どうやら『仮名手本忠臣蔵』の六段目で、早野《はやの》勘平《かんぺい》が腹をかっさばいて、自らのハラワタを引き出すところから来たらしい。知人が教えてくれた。

　それから、魚を四ツ割りにすることを「よつや」という。「このサバよつやね」これは地名の四谷にかけたものだから、東京の魚屋ことばだ。同じく地名から来たものに「あさくさ」というのがある。「あさくさにする」とはイカの皮をむくことをいう。本番（調理）の前の作業という意味である。その昔、かの吉原遊郭へ行くには浅草から馬や徒歩で向かった。つまり本番（吉原）の手前が浅草というわけ。どうも魚をあつかう男はこの手の淫語が大好きだ。寄ると触るとそんなことを言い合っている。まず二人以上の魚屋がうれしそうに話をしていたら、たいていは女の話と相場が決まっているようだ。

大型の魚をおろす場合には独特の言い方がある。ここではマグロの解体段階でみてみよう。まず、丸の状態。一本まるごとのマグロを「ラウンド」という。ひと回りぐるりと見て、どこもおろしていない状態のこと(なのだろう)。

丸のマグロの頭を落とした状態が「ドレス」。マグロが何か着るのかと思えば、そうではなくて「ヘッドレス」の略だという。それとは別に「セミドレス」というのがあって、こちらは頭がついていて、内臓、エラを取った状態。マグロの「かんぺい」だ。おや？　頭がついているのになぜ「ドレス」なのだ。それに「セミ」って何？　きっと「セミヌード」から来たのだろうが、それなら何に対する「セミ(半分)」なのか……などと真剣に詮索しても意味はない。水産用語なんて何の根拠もなしにテキトーにつくられるのである。

マグロを縦割りにする、つまり三枚におろした状態が「フィレ」。冷凍マグロの場合は骨ごと断つから二枚だ。マグロを四ツ割にする、つまりマグロの「よつや」を「ロイン」という。なぜかはわからない。食肉の場合はロースやヒレのことをいうが……。「ロイン」を小分けにしたものが「ブロック」。そこからサク取りした一サク単位を「チャンク」という。

以上、知っていても少しも自慢にならない魚の商売用語だ。もちろん、よそでつかわないほうがいい。まあ、ここだけの話ということで。

あいてい

近頃はＩＴなぞと申しまして、これはもう世界中いたるところに波及していますな。ところが、東京都中央区築地五―二―一周辺だけは避けているのでございましょうか。河岸でＩＴなどと言っても、「イクラ、高め」とか「イサキ、大量」、せいぜい「伊豆七島まわりの突きン棒（最高！）」という程度にしか了解されません。それでも世にインターネットなるものがあって、そいつをつかえないと、どうもいけねえ、ということは市場人もわかっているようでございまして――

「オレは昨日行って来た」

「どこへ行って来た」

「どこって、ほれ。焼き場……じゃない、アキバ」

「権現さまか？」

「いや、そうじゃなくて。電気屋とかメイド何たらがならんでる、あのアキバ」

「冥途の土産だナ。そこで手前ェ何ィして来たんだ」

「それがおめえの前だけど、あるだろ？　インターなんとか言ったな。ああ、インターネット。そいつを買いに行ったのよ」

「売ってたか」

「店ィ入って店員に、『インターネットひとつ呉《く》れ』って言うと『どのようなタイプでございますか』なんて言う。

『初めてだから安いンでいいんだ。安いインターネットをひとつ呉れい』」

「だから手前は愚者だというんだ。安物買いってな、そんなものすぐにつかえなくなる。初めっからイイのをあつらえとくのが本寸法ってもんだナ」

「そこんとこだ。何しろ店員の言うには『ひかりがたいそう早うございますからおススメです。お客さまのお宅にひかりはありますか』と、コー抜かしやがる。ナニ、ひかりものとくりゃウチのオヤジのハゲあたま。こいつぁ何しろ四〇年も飼っている」

「この野郎、うめぇことやりやがったな」

「すると今度は『パソコンはお持ちですか？』てえから、そんなもな商売でいっつもつかってるとズドンと言ってやったと思いねエ」

「何だ手前、パソコンなんて持ってるのか」

「当たりめえだよ、ほら見ろ」

「おい、そりゃ電卓じゃねえのか」

「何でもパソコンってのは個人用電子計算機とかいうらしい。でもって家ィけえって、こいつをオヤジのあたまにのせてみた……」

「それで、見れたか？」

「ツルッとすべって電卓が足におっこちやがって、思わず『あいていっ！』」

河岸の喧嘩

「火事と喧嘩は江戸の華」――とりわけ喧嘩となれば河岸の得意とするところだ。

鳥羽伏見の戦いで幕府軍が敗れ、官軍の江戸総攻撃がはじまろうとするとき、江戸町奉行を通じて、魚河岸と鳶《とび》の者に江戸を守れとの達しが下る。あいつら血の気が多いから兵隊にしてしまえというわけだ。結局、江戸城の無血開城が決まり、江戸の町が戦火にまみえることは避けられたが、河岸の連中はねじり鉢巻に白襷《しろだすき》、手には庖丁、手鉤、鳶口を得物にして、日本橋際で気勢を上げたというから大変な心意気である。

江戸が東京と改められても、河岸の荒っぽさは変わらない。「おう、これからひとつ喧嘩をしに行こうじゃねえか」と若い者《モン》が集まっては喧嘩の遠征に出かける。大正時代に日本橋通二丁目の白木屋百貨店で「魚河岸の帯」というのが売り出された。前も合わせられない身巾《みはば》のせまい単衣《ひとえ》をはおり、そこにこの帯を後ろから巻いて前でとめると喧嘩装束となる。何ともおかしな格好は、喧嘩した相手のほうが強くて分が悪くなったときに、後ろから捕まえられても、パッと帯を解けば、自然に着物が脱げて素っ裸で逃げ出せるという寸法だ。

「誰が手前なんかに捕まるかい、バカヤロウ！」と、ふんどし姿の馬鹿野郎が大通りを走って逃げる光景が見られたのだろうか。

さて、現代の河岸の喧嘩はそれほど血の気は多くなく、まず取っ組み合いなんて野暮はしない。一対一の殴り合いをよしとする。それも先手と後手に分かれ、互いが一発ずつお見舞いしてパンチ力を競い合うのだ。何発かの応酬の後、頃合いをみて周囲が割って入ることになっている。多くは勝ち負けがつかず、両者強いねぇということでお開き。どうかすると殴り合った者同士がその後でいっしょに飲みに行ったりするから、ちょっと娯楽性の強いものだ。

というようなことは、昔の若い衆さんに聞いたことで、実際にわたしは河岸の喧嘩に出くわしたことがない。ちょっとした言い争いは日常的にあったが、殴り合いとなると、まるで見たことがなかった。河岸の人々も紳士的になったのか。それとも勢いを失くしたのか。その昔、向こう気の強さで知られたSさんに聞いたら、「景気が悪いからよ。喧嘩する元気なんてないな」と鼻で笑われた。

けれども、たった一度だけそのSさんの腕っぷしをかいま見たことがある。

それは昼下がりの岸壁裏でのことだ。このあたりは河岸引けになると昼寝をしたり、釣りや将棋に興じたりする市場人が多いのだが、そこで若い者が酔ってアジ切りを振り回した。きっと最初は冗談のつもりだったのが、酔いが回ってわけがわからなくなったのだろう。アジ切りは小さなものだが、それでも刃物は穏やかでない。何だ何だ、と遠巻きに人だかりができ始めた。するとそこに現れたのがSさんである。すぅーっと若い者に近づいていくと、いきなり片手で相手の肩を抱きすくめる。と思うが早く、もう片方の手であっというまに得物を叩き落してしまった。そして、若い者の耳元で「さあ飲み直そうぜ」とつぶやくと、唖然と見守る周囲を尻目に、相手を抱きすくめるように連れ去っていった。

それはあっというまの出来事だったから、何の騒ぎにも、もちろん事件にもならずにお開きとなったのである。わたしは肩を抱きながら歩く後ろ姿を見送りながら、江戸の華はまだ生きているものだと考えていた。

マグロのセリ場から（一）

セリの開始は午前五時台だが、すでに午前三時頃からセリ場は準備に忙しい。

小揚の人たちは、丸太のようなマグロを次々とならべていくのだが、無造作に置くのではなく、きちんとした順番がある。生鮮マグロは切断された尾がエラのところに挟んであるが、仲卸は魚体尾部の切断面を見て、品質を探るための重要なチェックポイントとしている。冷凍マグロの場合は、切断された尾から二〇センチほどのところに切れ込みが入れられていて、これも品定めポイントとなる。これは筋骨たくましい男の大ナタの一撃で切るのだが、正確な位置に寸留めにするには長年の熟練が必要だ。難しい作業にもかかわらず、セリ場に一〇〇本以上もならんだマグロがあっというまに処理される。河岸には冷凍マグロの尾を切る達人が存在するのだ。

ならべられたマグロには、順次赤いペンキで番号が振られる。これはセリの際に「何番のマグロ」として区別するためだが、単なるシリアル番号ではない。卸売人の見立てで上物と見こんだマグロから順に振られるのだ。だから1番が最上品ということになる。だが、あくまでも卸側の推奨品であって、本当に最高という保証はないし、必ずしもセリで一番の高値になるとは限らない。さらにいえば、高値で落とされたマグロにしたところで、割ってみたら「しまった」とアテが外れることは珍しくないのだ。中身の見えないものに値段をつけていくマグロのセリは、非常にギャンブル性の高いものなのである。そのため仲卸はマグロの見た目、肉質、手ざわり、においと五感をフルに働かせて、良し悪しを見極める。これを「下づけ」といって、大物師の目利きの発揮されるところとなる。

午前四時を過ぎる頃から、おいおい大物の仲卸たちが集まって、下づけ作業がはじまる。それには尾の部分に懐中電灯を当てて色を確かめる。これは必ず白色燈でなければ、本当の色合いがわからない。逆に暖色系の灯はマグロの色をよく見せるから、売場の照明などには黄色っぽい電燈がつかわれている。

なかには魚体をほじって確かめる者もいる。これは老練な先輩大物師が顔をしかめるところで、「最近の若え者《もん》はマグロの見方を知らねえ」と嘆く。オレの若い頃には人差し指と中指の二本を魚体に軽く当てるだけだった。それでわからねえ奴は出て行けと怒られたもんサ——自分の指先がまるでレントゲンか何かのように吹聴する達人。だが、どうかすると、当の本人もちょっと身をほじったりしている。河岸の達人はどこか茶目っ気があるのだ。

さて、大物師は、お目当てのマグロがあるとポケットから「下づけ帳」(特別なものでなく、A6サイズの大学ノートなどがよくつかわれる)を取り出して、何番いくらと、だいたいの金額を記しておく。これをもとにセリの際にヤリをつくのである。

築地には卸売会社が七社あるが、そのうちマグロをあつかうのが五社。それぞれの会社ごとにセリ場所が決まっており、生鮮セリ場と冷凍セリ場とがあるので、都合一〇カ所で時間帯を区切ってセリがおこなわれる。仲卸は自分の気に入った卸売会社のところでセリに参加するのだが、これにはセリ参加証が必要となる。仲卸業者がかぶっている帽子をセリ帽といい、その正面に商号の札がくっついている。これが参加証となるのだ。

仲卸のセリ参加証は一枚鑑札につき一枚発行される。これは仲卸売場の店舗ひとコマにあたる。つまり一コマ店舗で営業する仲卸は鑑札が一枚にセリ帽がひとつ。二コマ店舗なら鑑札が二枚にセリ帽ふたつという具合だ。

もしも生と冷凍すべてのセリに同時に参加しようとすれば、一〇店舗営業が必要という理屈に一応はなる。もっとも、そこまでマグロを買い集める必要もない。なかには、お目当てのマグロをセリ落とすなりセリ台を降りて店の者に帽子を渡すと、受け取った者がほかのセリ場の取引に駆けこむ、といったセリ帽リレーもおこなわれていて、自分のところの商売に合せて、合理的にセリに参加することになる。

ここで店舗のコマ数について説明しておこう。仲卸売場を歩くと業種ごとに店の外見がずいぶんちがうことに気がつくかもしれない。小物屋とか合物屋などは商品をずらりとならべているが、マグロ屋はいかにも作業場風のつくりとなっている。きれいに商品をディスプレイしているマグロ屋もあるが、そういう店は三コマ、四コマと手広く商売をしていることが多い。大物仲卸は店舗内にマグロを解体するスペースが必要であり、そこに冷蔵庫(ダンベ)を置き、冷凍物もあつかうとなれば電冷ストッカーや解体機なども設置しなければならない。ひとコマ店舗ではかなりキツい。とくに扇形売場の中央部は店舗面積が小さくなっているから、そこに当たってしまったら(仲卸売場は不定期で抽選による配置替えがおこなわれる)目も当てられない。そのため大物仲卸は二店舗以上の鑑札で商売するところが多い。

さあ午前五時だ。セリ場のあちこちに鳴り響く「チリンチリンチリンチリン」という卸売人の振り鈴の音を合図に、いよいよセリがはじまる。

〝……チェキラッ、チェキラ、ピンマルピンピン、インニインゴォ、ンゴンゴ、ンゴッ……ハイッ！〟

下づけ。冷凍マグロの尾部を丹念にチェックする。

セリ人は群集の中心で一人威勢の良い声を上げる。

マグロのセリ場から（二）

広いセリ場には卸売会社ごとのセリ取引場所が点在しているが、明確に区画はされていない。あちこちに会社のマークの記されたセリ台が置かれていて、その周辺が習慣的に取引場所となっている。

セリ台というのは、高さ三メートル弱、横四メートル弱の木組みの舞台のようなもので、そこに仲卸が上がって雛壇《ひなだん》状に並ぶ。だいたい三段飾りで最大一五人程度だろうか。上がりきらない仲卸は台の周囲に立ってセリに参加する。

一方、セリ台に対して正反対の位置に置かれた机にセリ人が立つ。横に記録する助手、さらに脇を卸売人が固めるが、実際にセリをおこなうのはセリ人一人とセリ台の仲卸たち。つまり一対多数の取引である。

よくテレビなどで「喧騒に満ちた築地のマグロ競り」というが、実は大声を上げるのはセリ人一人で、対面の仲卸たちは無言のままにセリは進められる。もっとも、熱くなった仲卸がセリ人に対して「バカヤロウ」ではじまる悪口《あっこう》雑言《ぞうごん》罵詈《ばり》讒謗《ざんぼう》を浴びせかけることもままあるが、基本的にセリ台の仲卸たちは正面を向いたまま無言でヤリ値を提示するのが決まりとなっている。

では、言葉を発さずにどうやって値段を示すのか。それには「手やり」というものをもちいる。指で数字を示すのだが、一から九までを片手であらわす独特のサインとなっている。二けたの数字は指の組合せで示す、ゼロはくるりと手を回すこともあるし、無視することもある。そこは「あ・うん」の呼吸で端数だけでも通じたりするのだ。セリでは多人数がいっせいに口頭で金額を提示すれば混乱するし時間もかかる。そこで公平性と迅速性を確保するために考案された「手やり」は実に合理的な方法といえるだろう。

「はい！　おはようございま〜す！」セリ人の明るい声で取引がスタートする。だが、明瞭な口調は最初の挨拶だけで、いきなり呪文めいた、ＮＹのラッパーを思わせる意味不明な言葉のマシンガンがはじまる。

〝ハイ、イチバンゲ〜　バンゲ〜　ピンマルピンマー　ピンゴ〜ンゴ〜　ンゴンゴ　ニマル　ニイゴー　ハイサンマル　サンゴ　ンゴンゴ　ハチィ〜　ハッタリマ〜　アッタリアッタリアッタリマッタラ　チャッチャッチャッ　ハイ！　ツキウオ〜〟

ラップのようなセリ声は何と言っているのか。無理矢理これを翻訳すると、次のようになる。

「はい、皆さま。今朝も良い値をつけてくださいよぉ。じゃあまず一〇〇〇円から始めさせていただきますね。はい一〇〇〇円、いかがですか。おっ一五〇〇円出た、一五〇〇円。もっといませんか。はい二〇〇〇円。どんどん行っちゃってくださいな。はい二五〇〇円。や、三〇〇〇円です。出ました、三五〇〇円です。もっと行っちゃいましょう。さあ、どうです　もっと行きませんか　どうだ、どうだ、どだどだどだどだ　はい！　築魚さんに落ちましたぁ〜」

だいたいこんな感じ(ではないだろうか)。いったい仲卸の人たちはセリ声が本当にわかっているのだろうか。マグロ屋のＮさんに聞いたところ「ああ、わからねえよ。まあ雰囲気だな、雰囲気」とのことであった。それでも値段と誰が落としたかは伝わるし、それが理解できれば、ところどころ意味不明でもかまわないのである。言ってみればセリ声は呼び値をうまく引き出すための演出であって、これをいかに調子良く、ときには仲卸ですら聞き取れないような抑揚をつけて、相手を乗せていくかがセリ人の独壇場となるのだ。

さて、これに向かい合う仲卸たちは無言の「手やり」で返すわけだが、こちらも気合いが入りまくりである。オーバーアクションで腕を回す。セリ人を睨みつけて威嚇する。奇声や唸り声を上げて注意を喚起するなどのパフォーマンスを交えつつ、欲しいマグロを落とすのだ。

セリは卸売会社と仲卸とのせめぎ合いである。さらに目には見えないのだが、彼らの後ろには生産者がいて消費者がいる。ここで決まる価格がマグロ流通の相場を決するのだ。だが、そんな理屈はどうでもいい。当面の問題は、ほかの仲卸を出し抜いて自分がマグロを落とすことだ。雛壇の上で互いに目を合わさない仲卸同士がライバルである。ほかの仲卸がヤリをつこうとする瞬間、それにかぶせるように大げさなモーションでこちらがヤリをつくのだ。

「アウッ！」

マイケル・ジャクソンのような声がセリ場に響きわたるのはこの時である。すべて気合いである。勢いである。精神力である。よし、オレがもらったぞ。だが、安心してはいけない。手ごわいライバルに足をすくわれないとも限らない。どうしてもそのマグロが欲しいことを周囲にさとられたなら、わざともっと高い値をつけてくる者がいる。値を釣り上げてやれというわけだ。特別な遺恨がなくても、「オレは何だかアイツが気に食わねえ」というだけでそんなフェイクをかます輩《やから》もいるのだ。汚いやり方だって？　とんでもない。こんなことは世間にいくらでもあるはずだ。ただ、河岸ではそれが一瞬の勝負に凝縮されて火花を散らすから、そこに真剣勝負が生まれる。こうした虚虚実実の入り混じった戦いがセリなのだ。

一本のマグロがせり落とされるまでに要する時間は三〇秒から一分程度。その短いなかにさまざまの駆け引きがおこなわれる。傍目にはわからないドラマがかくれているかもしれない。それを何十、何百本とくりかえし、さらに明日も、明後日も、毎日くりかえして、勝者と敗者の限りない戦いの記憶がセリ場に刻まれていくのだ。

手やり

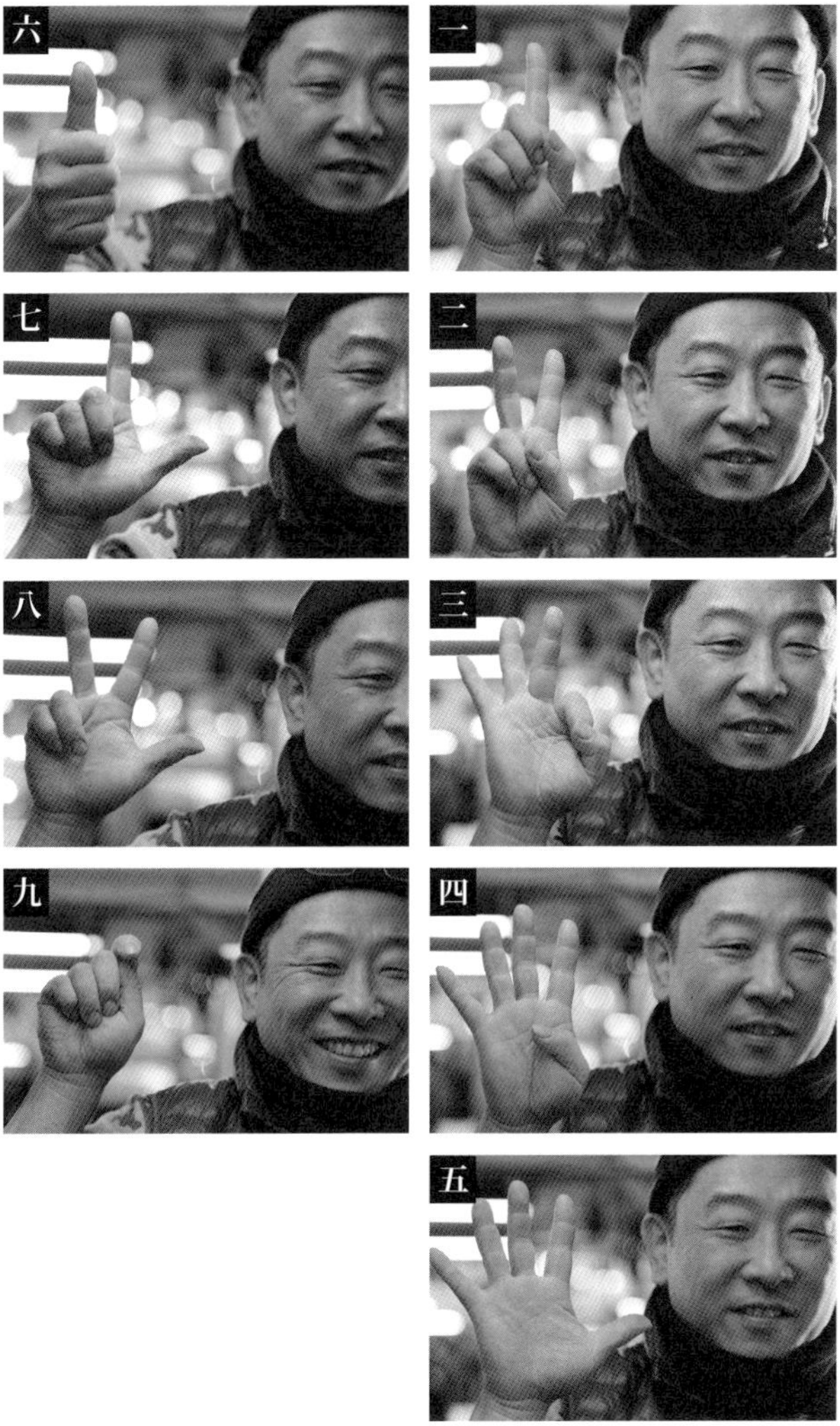

市場のまかない

河岸の昼ごはんは贅沢だ。

忙しいときには、立ったまま食事を取ることもあるのだが、たいていは仲卸業務のひと段落する昼前には、みんなで食事にかかる。手狭な店舗内を軽く片づけて座る場所をつくり、電冷ストッカーなどをテーブル代わりにして、わいわい食べている様子は、傍目にもすごくうまそうだ。

たいてい出入りの仕出し屋から注文した弁当とか出前の店屋物をいただくが、真のメインディッシュはそこに一品、二品加えられるおかずのほうにある。店の魚が従業員に振舞われるのだ。たとえばマグロ屋なら、昨日おろしたホンマグロの中おちとか、尾部の切り落としなんかが出される。商品にならないけれどうまい。むしろここでしか口にできないものをたっぷり食べられるのだから、贅沢この上ない。でも、魚はすごいけど調味料にはわりに無頓着で、どうかするとミドリガメ醤油をつかっていたりする。いや、そんな銘柄はないが、高温多湿な売場内では醤油がしばしば変質してしまい……細かいこと気にせずに、ほら食え。うめえぞ。

また、明確な仕切りのない仲卸店舗では、向う三軒両隣および前後の店とのご近所づきあいが盛んだ。売場は業種ごとに区分けされていないから、たとえば、マグロ屋、活け物屋、カマボコ屋、近海物屋……なんて具合に並んでいると、ごはんどきには仲卸間でおかずのトレードがおこなわれる。世界中で交換経済がいまだに成立している地域を教えよう——築地だ。かくして昼の仲卸売場では局地的に海鮮カフェができあがる。

店によっては、ちょっと手間をかけてネギマ汁や煮込みうどんをつくるところもある。ある店主などは従業員の健康を考えて、朝から業務そっちのけで、米をといで炊飯器を仕掛け、心づくしの味噌汁づくりに入魂する。店主はこれがオレの仕事だからと言うが、真夜中に近い午前三時頃から我も忘れて働く従業員にとって、昼ごはんは何よりの楽しみであり、また大切な時間だと知っているのだ。売場を歩いていて、この幸せなひとときに出くわしたなら、たとえ用があっても、のこのこ入ってはいけない。昼ごはんは仲卸の聖域と心得るべし。

ところが、たまさか「マグロ保険」の検分で昼飯時のお店に伺ってしまった。この保険は店舗内の冷凍庫の事故でマグロがやられたときに補償をする。休市日にコンセントをネズミに齧られて、明けに出て来たら電源が落ちていた、なんてことがよくあるのだ。その事故申請を手伝うことも仕事の内だったので、事故の連絡を受けると仲卸のお店に行って状況をきく。冷凍マグロの傷み具合なんて、ちょっと見たところわかりづらいのだが、そこは信頼関係だ。よほどおかしな点がない限り速やかに損害報告書をつくる。でも、こちらが手心を加えているとでも思ったのか、店主は「ありがとよ。助かるぜ。お前いいヤツだなあ」とたいそうよろこんで、「昼飯まだだろう。食っていけよ」とまかないの団欒《だんらん》に招き入れるのだ。

こういうときは、ぜひ辞退すべきなのだろうけど、「さあ食いな」と勧める店主や、「こっちおいでよ」と席を開けてくれるお店の人を前に、断ることこそ失礼ではないか。わたしは遠慮しがちに輪に加わると、渡された茶椀飯と割箸を手にして、眼前に惜しげもなく盛られた赤身をみる。河岸の外に出たら滅多に口にはできない。贅沢なものだ。わたしはひと切れつまみ上げ、小皿の下地にちょっとつけて口に含む。途端にえもいわれぬ風味が、ぱあっと広がった。ああ、ミドリガメ……。

世界中でいちばんうまい昼飯だと思った。

大変だぁ

河岸では毎日のように「大変だぁ」と大騒ぎしている。もうあらゆることに「大変だぁ」というのだが、本当に大変なことまずないと言っていい。河岸の人は事件が大好きだ。実際、河岸では小さな「事件」は毎日ひっきりなしに起こる。「大変だぁ～、包丁で腕落としちまったってよ」「大変だよぉ～、人が轢かれてズタズタだってさ」……本当は包丁で切ったのは、ほんの指先だったり、買出人が小車にちょっと足を踏まれただけだったりするのだが、何事も針小棒大に尾ヒレをつけて話すことになっている。「大変だぁ～！」と、とりあえず大騒ぎして、一分後には何が大変だったのか誰も覚えていない。これが河岸の日常だ。

また、河岸の人は噂好きでもある。なかでも多いのが「誰々が死んだよ」というものだ。河岸では三日も顔を見せないと「死んだ」ことにされてしまう。本当はちょっとカゼをひいただけなのだが、「ガンだったらしい」とか「ターレに轢かれたんだよ」とか「首くくったそうだ」などと死因まで勝手に決めつけたりする。ついには「昨日、通夜だった」などとまことしやかに言い出す者まで出てくる。それが、冗談で言っているうちに、誰もが本当に死んだと思い込んでしまうのだから、これまた不思議なものだ。

しかし、本人がひょっこり河岸に出てくると、みんな別段驚きもせず、何事もなかったかのように元通りのつき合いをする。本人も噂に怒るわけでもなく、別の誰かが河岸を休んだりすると、「奴は死んだ」などと今度は自分が率先して噂を流したりする。なかなか世間の狭いところなのだ。

わがままグルメ

魚がし横丁は、もともと市場で働く人や買出人向けの商売から始まったので付属商といった。最近でこそ一般の利用者で賑わう場内の店舗だが、かつては市場人の御用達だったのである。肉体労働を終えた人々が、場内の飲食店に入って一杯飲《や》ったり、腹ごしらえをするのを何よりの楽しみとした。

その際に市場人たちは「こんなものが食べたい」という、ちょっとわがままなリクエストをすることが多かった。「目玉焼きはウインクね（一個にして）」とか「味噌汁に玉落ち（卵を落としてよ）」といった、ほとんどが個人的要望なのだが、お店の方でもそれに応えるうちに、メニューにはないものがたくさんつくられることになる。そのなかには店の看板料理として定着したものもあって、市場人のわがままから生まれたメニューは市場内の飲食店を個性豊かなものにしている。

洋食店「豊ちゃん」には「アタマ」というのがある。これはカツ丼の具だけ別になったもの。ご飯と別々に食べたい、とか、これで一杯飲りたいという人が注文する。時折「オレ、ないアタマね」と高らかにオーダーが入る。あの人は自分の頭の悪さを自慢しているのかと思うと、実はこれもわがままメニュー。脂のあるロースカツを「あるアタマ」、脂の少ないヒレ肉を「ないアタマ」と細かく注文できるのだ。また、カレーとハヤシが半々にご飯にかかった「合がけ」というのがある。これは同店が日本橋魚市場に店を開いていた当時、市場内には馬場があって、馬子《まご》さんが片手で食事を取れるようにと、ひと皿に複数のメニューを合わせたことから生まれたという。

中華店「ふぢの」の「チャーシューメンマイタトコ」は「脂の巻いた」チャーシューメンのこと。「マイタトコちょうだい」と注文する。この店ではラーメンを「おそば」、硬めの麺を「強《こわ》めん」、さらに硬い麺を「針金」と呼ぶ常連の姿が見られる。

牛丼の「吉野家」といえば、「つゆだく」「つゆぬき」などの裏メニューが有名だが、築地本店には、さらに冷たい飯に熱い汁をかける「ツメシロ」とか、脂身を多くした「トロだく」なんてものも存在する。実は「吉野家」は明治時代に日本橋魚河岸で開業した。この築地本店が数ある「吉野家」の一号店の直系である。市場人のわがままな要求に応えていたことから、今の多様な裏メニューが生まれたのかもしれない。「BSE問題」で同社が牛丼販売を中止したときも、築地本店だけは独自の安全ルートをつかって牛丼の販売を続けた。

喫茶店「愛養《あいよう》」は大正時代にはミルクホール「愛養軒」といって、日本橋川に面して飲食店が並ぶ日本橋魚市場の名店街ともいえる一画で営業をしていた。河岸引けにカステラやシベリアを食べながら熱いミルクを飲むのが何より楽しみでね、と甘党の古老の話をきいたことがある。築地に移ってからは喫茶のみで、食事もトーストしか出さないが、このトーストが細かく注文できる。まず、焼き方。レア・ミディアム・ウェルダンは当たり前。片面焼きのような変則もある(らしい)。切り方も二分割、三分割、六分割、三角切、短冊切り。耳は全部落とす、二面だけ落とす、落さない等々、その組み合わせはざっと百種類といわれる。もちろんこれも市場人のわがままに合せたものだが、トーストひとつによくこれだけ注文をつけたものだ。それにしても、コーヒーとトーストとゆで卵だけのシンプルな朝食なのに、うまい。

よく歴史を感じさせる味などというが、築地のわがままメニューにはまちがいなく時間が刻まれている。

名人伝

河岸には名人がたくさんいる。アカガイを一分間に一〇個以上も処理するむき手。一グラムの狂いもなくシャケを切り分ける職人。何百キロもの冷凍マグロを小車に満載して引っ張る軽子さん。その昔、魚を一目見ただけでウロコの数まで言い当ててしまう名人の話を聞いたことがある。

まさに超人といえるこれらの能力は、毎日の反復作業のなかから生まれて来たものだ。くりかえし、くりかえし、またくりかえして、ひたすら続けられるルーティンワークのなかに培われたのである。

魚の良し悪しを見極め、それを正しく評価するのが仲卸の使命だ。それだけに仲卸は誰もが魚を見る目に自信を持っている。ことにマグロなどは単価が高い上に個体差が激しく、厳しい選択力が要求される。だからマグロ仲卸には目利きと自負する者が多い。

「指先がふれただけで中身がわかる」

「外見を見ただけでわからなくちゃ」

さらには、「オレさまが近づいただけでマグロのほうから『アタシを買ってくださいよ。決して損はさせませんから』と話しかけてくる」とまで語る伝説の名人もいた。

いったいマグロの目利き名人が何人くらい存在するのかと、セリ場の裏手から「いよっマグロ名人っ！」と声をかけたんだ。そしたらセリ場にいた全員が「何だよ」と振り向いたんだよと、マグロ屋のよっちゃんが言っていた。

人、魚、顔

タオルのねじり鉢巻き。築地にはこの姿がよく似合う。

何やら話し込む二人。べらんめい口調が聞こえてくるようだ。

1

2

3

5

4

真剣に赤貝を剝く。まるで築地の棟方志功。

❶観光客の視線を浴びるターレの男性。❷待ち時間も仕事のうち。暇なわけではない。❸仲卸には珍しく、いつも優しい顔をしている社長。❹陽気な３人の市場仲間。❺視線の先に何がある？

(上)飄々とした雰囲気で小車を引く男性。(下)手ぎわよくスズキをさばく。近くで撮影していると鱗が服に飛んでくる。

(上)熟練した職人が割くとウナギは同じように口をあく。(下)白い発泡スチロールと日焼けしたガードマン。

1

2

3

5

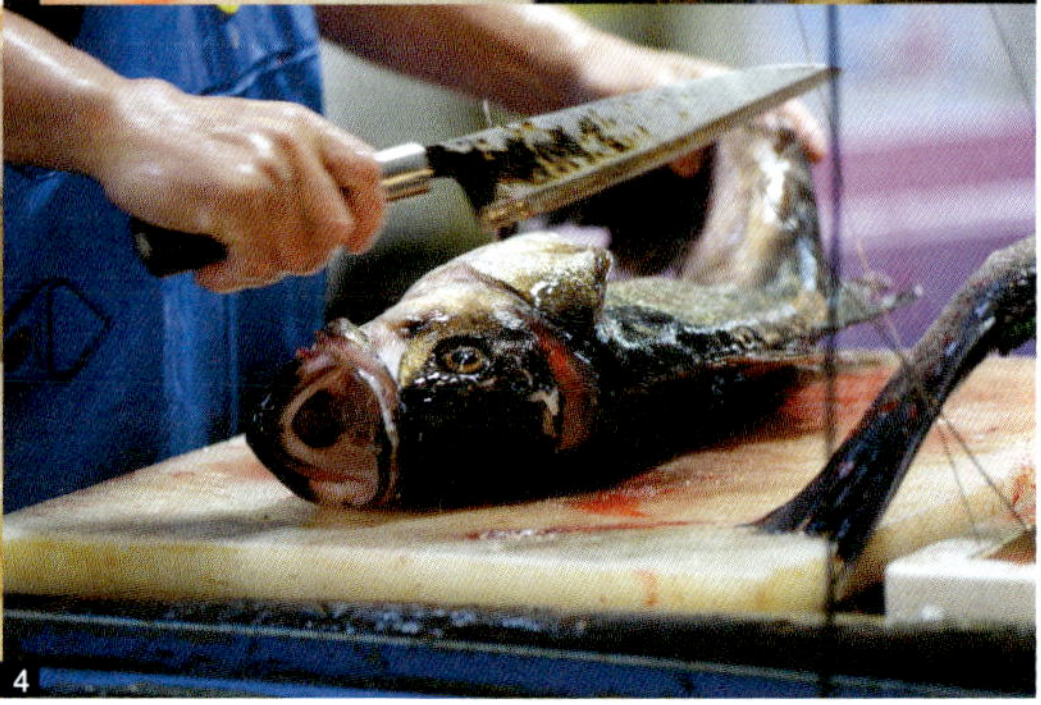
4

場内にはさまざまな職業経験者がいる。この人は絵描きだと言っていた。

6

❶魚河岸の男たちは顔がいい。❷黄ハタ。面白い顔だが高級魚。❸鮮魚屋の元気なお姐さん。❹スズキは口がでかい。❺珍しい蛸の卵。❻撮影後は黒髪になったウナギ屋のお兄さん。

血抜きされたスッポン。もう首は出てこない。

競友
勝馬

海千山千の魚河岸の男達を相手にしてきた、しっかり者の売店の姐さん。

番頭さんと呼ばれるに相応しい、河岸の男。

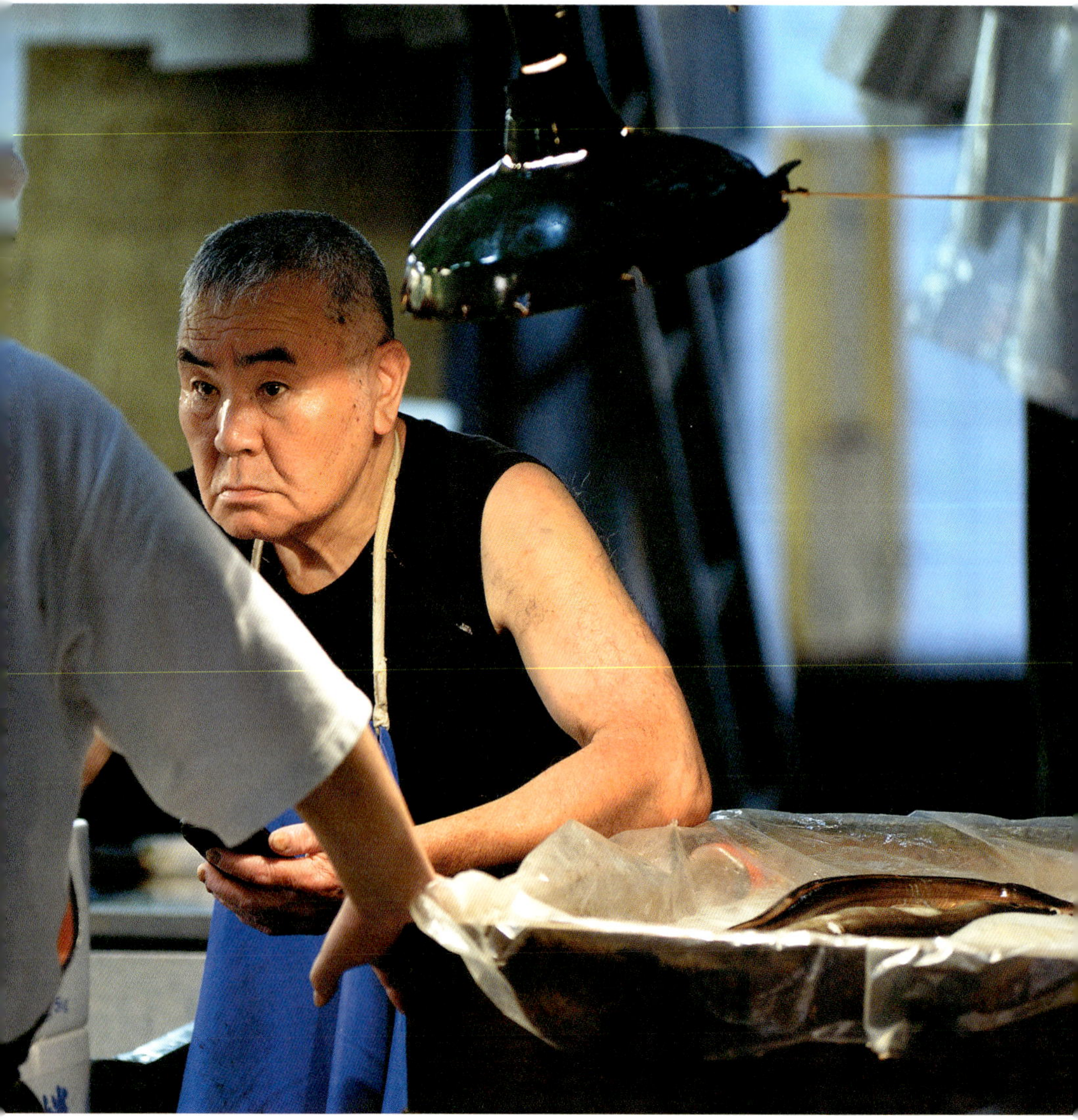

■魚河岸は我が人生。■赤ハタは中華などでよく使われる高級魚。■「散歩ですか？」と声をかけたくなるウナギ屋の旦那。

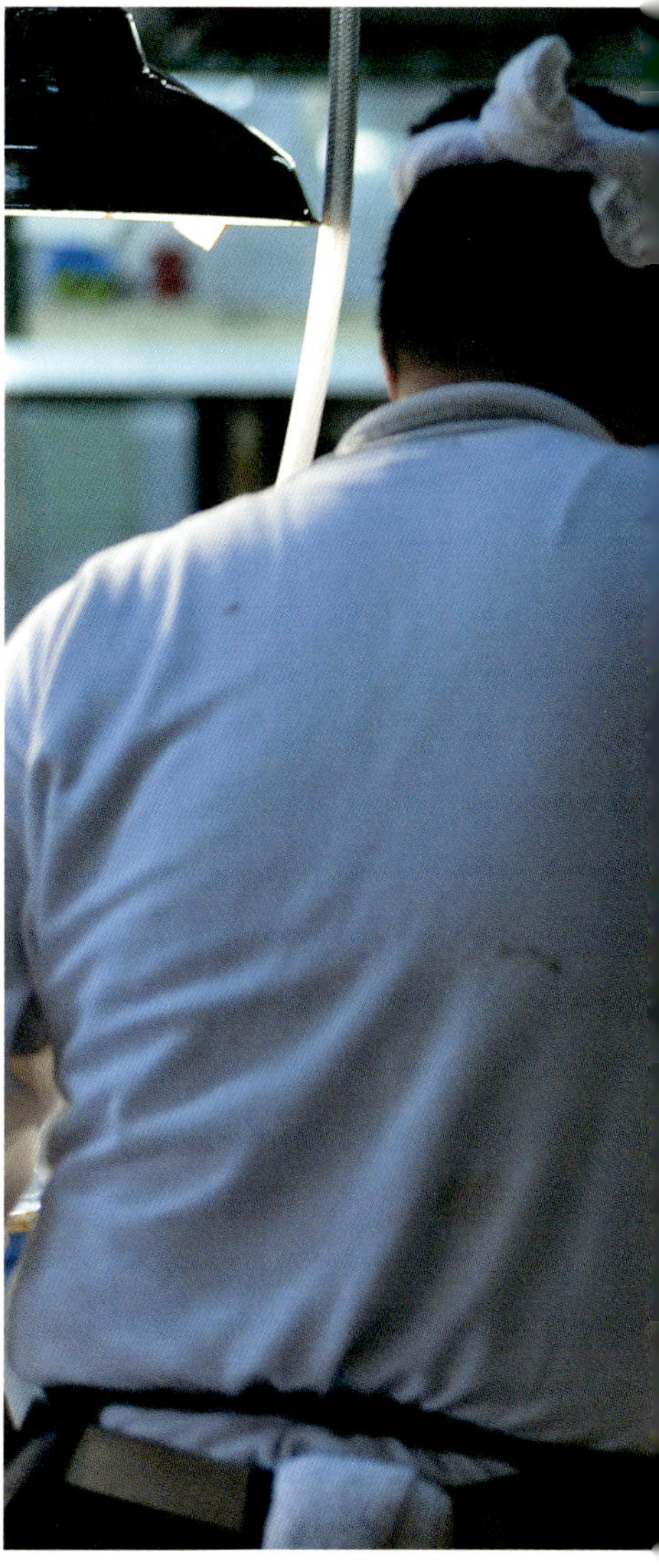

(上)毎日同じ場所に同じ人が立つ。(下)指示は荒っぽいが簡単明瞭だ。

（上）場内の喫煙率は高い。うまそうに一服。（下）元デザイン関係の仕事をしていたという男性。

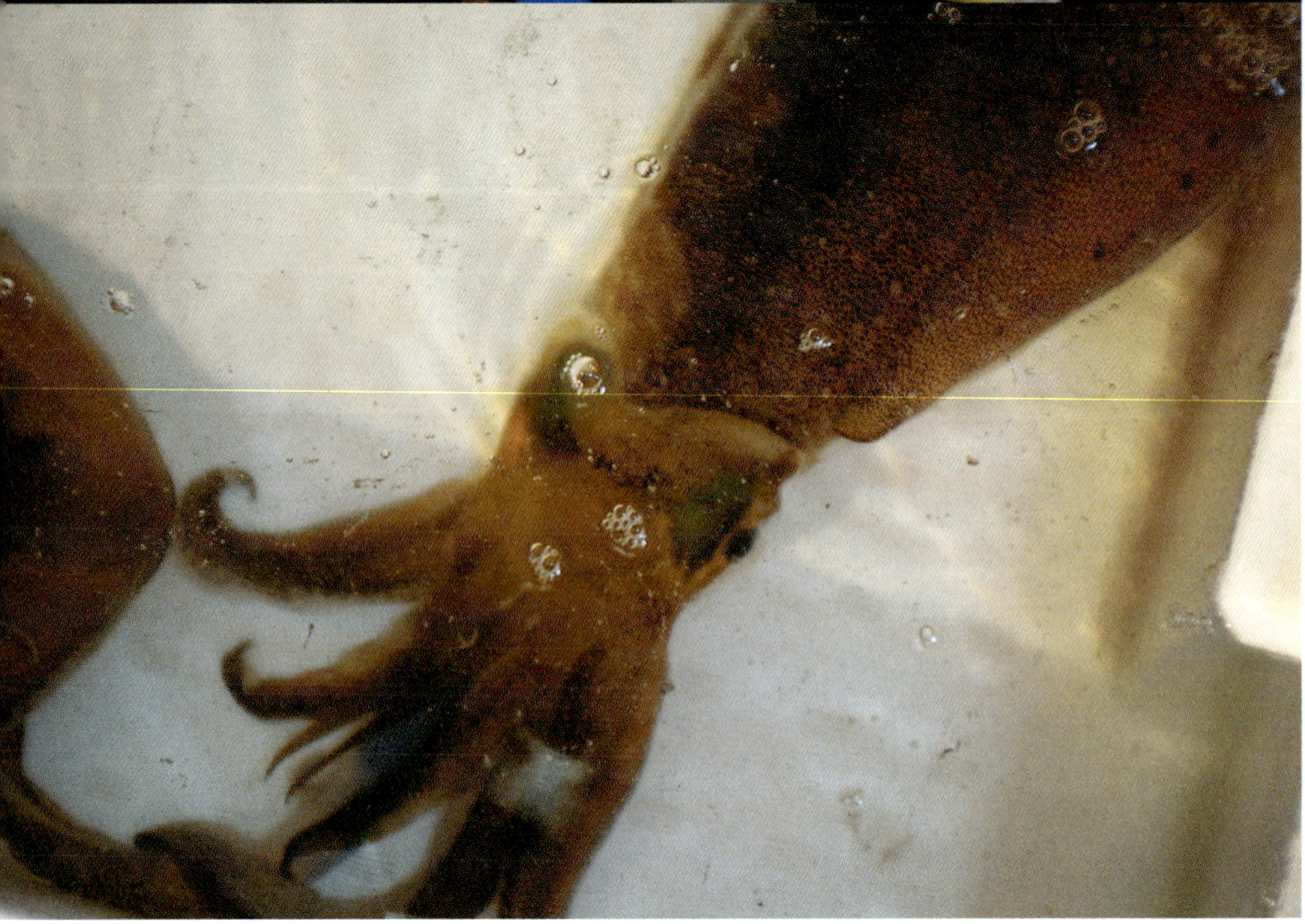

（上）帳場に座らせてもらって撮影した。（下）少し小ぶりのアオリイカ。目が合った。

(上)ハモの下半身がゆらり。(下)ねじり鉢巻きの男性。タオルではなく手ぬぐい派。

この眼力でまな板の魚もおとなしくさせる。

1ターレを軽快に運転する。2活き締めのカンパチ。血の中で浮いている。3きかん坊がそのまま大きくなったようなお兄さん。魚をおろす腕は的確。

(上)マグロを買う外国人観光客。(下)サングラスがよく似合う。

(上)優しくって力持ち。(下)にらまれたのでカメラを下して挨拶すると、「なーんだ」。

悟りの境地か、それとも単なる居眠りか？

(上)仕事の手を休め、観光客を眺める。(下)午前9時を過ぎると、さまざまな国の観光客が入ってくる。

(上)ターレも観光タクシー化している。(下)風のない夏の日は暑さにうんざり。

(上)暑さをものともせぬ迫力で突き進む外国人男性。(下)売れ残ったイイダコがからみあっている。

(上)立っているだけで存在感がある男性。(下)水槽の中を泳ぐイシダイの群れ。

美しいホシガレイ(星鰈)。夏に向かってヒラメの味が落ちてくると、こちらが主役になる。

（上）雑然としているようで機能的な帳場。（下）同じ場所から河岸を長年見続けてきた。

3章 河岸追想

また来たな

およそ五年ぶりに河岸を訪れた。いや、ゆっくりと場内《なか》を回るなんて一〇年ぶりかもしれない。ずいぶん足が遠のいたものだ。河岸では三日も顔を出さなければ「あいつは死んじゃったよ」などと噂される。わたしなんて、とっくに幽界に籍を置いた身にちがいない。「アンタ誰?」と、浦島太郎のようになっていたらどうしよう、と不安だった。こんなにドキドキしながら歩くのは、初めて河岸に来たとき以来だ。

だが、売場に入ると、そんなことも杞憂だと気づいた。長いこと馴染んだ場所は、同じようにそこにあって、昔ながらの空気を吸いこむと、一瞬で当時の記憶が頭をよぎる。久しぶりに訪れた気後れも忘れて、売場をふらしていると、知人が何人か声をかけてくれた。「お、また来たな」と、まるで昨日会ったばかりのような口調にほっとする。そうなんだ。妙に構えてしまうのはこちらであって、河岸はそんなことには頓着しない。来る者は拒まず、去る者は追わず、という距離感は昔とまるで同じだ。

しかし、空気や人の気性は昔のままだが、やはり河岸はずいぶん変わった気がする。活気がなくなったというのは自分の勝手な思い込みかもしれないが、人や車は明らかに少なくなった。わたしが平成の初めに河岸に来たばかりの頃も、かつての魚河岸の活況には及ばないといわれたが、それでも場内は雑踏を極めていた。正門を入ると、当時そこには立体駐車場はなくて、通り全体に人があふれ、荷が行き交い、そこここで取引がおこなわれ、道端で一杯飲っている集団もいた。車もいつも渋滞していて、市場通りでは二重駐車、三重駐車は当たり前というありさま。そんな時代とくらべれば、河岸の勢いは半分くらいになったような印象を受ける。

河岸ではもう、挨拶がわりの「バカヤロウ」なんて聞かれないらしい。河岸の人たちは一様に物腰が柔らかくなり、身体ごとぶつかっていく乱暴者もいなくなった。電卓をパソコンと呼んでいたような人が、今はスマホ片手にSNSにいそしむ。ごく普通にITを魚ビジネスに結びつけているのだから、時代は変わるものだ。

セリの様子もだいぶちがって来たようだ。とくにマグロは生鮮、冷凍ともに入荷が減ったのだから、取引も小ぢんまりして見える。セリ台をつかわないことも多くなったという。

ここまで書いて来たことは、いずれも少し前の河岸の姿であって、すでに失われた風情も多い。あえてそれを書き残したのは、とりもなおさず、それがわたしの体験した河岸の世界だったからにほかならない。今思うと、その頃がいわゆる魚河岸らしさをとどめた最後の時代かもしれない。だから、ぜひ伝えておこうと思った。

わたしの手もとに数冊のノートがある。二〇年くらい前に場外のシャケ屋さん(界隈ではとても有名なお姐さんだ)といっしょに聞き書きをおこなったときの記録だ。日本橋魚市場を知る古老や、戦前戦後の出来事を語り部のように伝えてくれた人。お話をうかがった人の多くが、すでに鬼籍に入られてしまった。わたしにとって、このノートはかけがえのない河岸の形見となった。

これを繰りながら、河岸の風情について、もう少しだけ書いてみたい。もちろんそれも今は存在しない河岸の姿にちがいない。けれども、もう誰も語らない話を残すことが、去りゆく築地への惜別のしるしとして、わたしにできる唯一のことのように思えるのだ。

市場人の休日

「烏の啼《な》かぬ日はあれど魚河岸に休業はない」といって、元日を除いて年中無休を誇った河岸に月一回の休みができたのは、大正七年(一九一八)のことだ。毎月二二日を休市日と定めたのは、統計を取ると、この日が一番魚の売れ口が悪かったからだという。本当に河岸の人々が統計なんて取ったのか。はなはだ疑問だが、ともかく魚屋の二二日定休は昭和の中頃まで続いていた。

昭和戦前は定休日のある商売は床屋と風呂屋くらいのもので、一般の商店には盆と正月の薮入り以外の休みはなかったから、河岸の休みには、ずいぶん反発があったそうだ。「生の魚をあつかうのに休みなんてトンデモネエ。だいいち人間サマの胃袋に休みなんてあるものか!」と荷主がいえば、河岸の旦那衆も「休みなんかつくると若エもんが遊び呆けて、身を持ち崩していけねエ」と苦々しい顔をする。もっとも、旦那衆だって本音は休みたいから、何だかんだ言いながらも、結局、毎月二二日にはいっしょになって楽しんだ。同好の士が集まって素人芝居に興じるとか、小唄、端唄、清元、歌澤など稽古事にいそしんだという。

なかでもお山。大山詣に富士詣といった山岳信仰が盛んだった。ことに大山(神奈川県伊勢原市)は近いこともあって、毎年六月二二日の初山《はつやま》には二〇人、三〇人が講中《こうじゅう》という団体旅行みたいなものを組んで参詣をする。江戸時代には隅田川に垢離場《こりば》があって、そこで水垢離《みずごり》をして身を清めてから、「さあ出かけましょう」となるが、昭和の頃には、そんな苦行じみたものは抜きにした物見遊山である。休みの前日に河岸が引けると、そのまま出かけた。服装《いでたち》にしても白装束なんか身につけず、「魚可し」のマークを染め抜いた揃いの半纏《はんてん》に、喧嘩結びの鉢巻という討入りスタイル。「いざ、出陣」とプラットホームの檜舞台に立てば、そこに東海道線の急行列車が引き込み線を通って河岸のなかまで迎えに来てくれたというから、実に豪気《ごうき》なものだ。

さて、大山登山口につくと、参詣人は「南無阿弥陀仏……」とお題目を唱えながら登っていくが、河岸の人々の調子はまるでちがう。普段から常盤津など呻っているから、

「〽なぁんまぁ〜い、だぁ〜ぇ、なぁんまぁ〜い、だぁぶぅぅ〜ぇ」

と、下から上にせり上がることになっている。何十人と声を合わせて登っていく姿などは、実にどうも粋なものだ。あまりイイ声をきかせるものだから、三合目くらいで皆、酸素欠乏になってしまう。

何はともあれ、信仰にかこつけた親睦旅行だから、夜は宿屋で酒宴が始まる。部屋でこっそり賭けごとに興じる者も多かった。花札やサイコロをつかって「一点賭け」「チンチロリン」「丁半」「キツネ」「テンサイ」「バッタまき」「チーハー」「オイチョ」「コイコイ」何でもこいだ。

いや、あまり不真面目なことばかりいって誤解されてもいけない。実際に河岸では商売繁盛ための神仏祈願が大変に熱心だったのはまちがいない。成田山新勝寺、川崎大師魚河岸講、小田原大雄山道了尊、羽田穴森神社、豊川稲荷、浅草金龍山などへ毎年の参詣は今も続けられている。その際に奉納品を捧げるが、河岸の景気の良い頃には豪勢なもので、浅草観音の御堂にある大提灯などは実に壮観なものだ。有名な魚河岸マークも参詣の千社札や奉納品を通じて広まった。旅先などでそうしたものに出くわすことがある。先日、筑波山に登ったときに、中腹の筑波山神社で手を合わせたら、賽銭箱に魚河岸マークがあった。昔の河岸の休日は、皆、ずいぶんと遠くまで足をのばしていたようである。

小僧上がり

昔は年季奉公という就業形態があった。

昭和の初め頃まで、子どもは一〇歳前後に尋常小学校を卒業すると奉公に出るのが当たり前だった。商家に奉公に上がると、小僧（丁稚）として使い走りや子どものお守、蔵の掃除などの雑用をしながら、帳面のつけ方から接客までを先輩からみっちり仕込まれる。小僧時代は藪入りにお仕着せや小遣いを与えられることはあるが、基本的に無給だ。丁稚奉公を約一〇年過ごして、だいたい二〇歳で手代に昇格する。手代は主人や番頭の手先となって働き、給金もいただける。これをさらに一〇年勤め上げて三〇歳前後で番頭をまかされた。番頭になると仕入れから入出納、店の差配万端を取り仕切り、ときには主人の代理で取引先との商談にも応じる。大商家ともなれば一〇人以上もの番頭を抱えたが、そのうちからこれと見込んだ者に別家《べっけ》をまかせる。つまり暖簾分けである。屋号をもらい、資本を分けてもらって晴れて独立できるのだ。

職人の場合は徒弟制度といって技能修得の意味合いが強く、奉公とは別のものだが、見習い期間が無給という点で似ているので、同じように語られることが多い。

年季奉公は長らく日本の伝統的な就業形態として、職業伝承に一役買ったが、現在の労働基準法に照らせば、とんでもなく不当な労働環境となる。戦後になって労働基本法が施行されると、年季奉公はほどなく日本の社会から姿を消していった。ところが、旧《ふる》くて封建的なしきたりが平気でまかり通る河岸では、だいたい昭和四〇年代初めまで、仲卸の雇用形態に残されていたのである。もっとも、一般商店とはかけ離れているから、奉公の様子も少しちがうが、小僧として店主の自宅などに住み込み、衣食住をあてがわれ、つらい仕事を覚えていくのは伝統的な就業形態と同じだ。河岸の場合は一人前に成長すると、仲卸の鑑札を親店や仲間内から買い（あくまでも東京都の発行する許可なので、所有者同士の権利の売買となる）、自分の得意先をもって一本立ちとなる。

やはり小僧時代には決まった給金もなく、自分のお金で自由に遊ぶことはできなかったが、河岸の景気が良かったから、思わぬ小遣いをもらったりもしたという。「配達に行くついでに、『これで映画でも観ておいで』なんて、千円札をもらったね。大学出の初任給が一万円いかなかった時代だから大金だよ。親爺は上機嫌のときにはホント気前がいいんだ」と、小僧出身の仲卸店主は昔を懐かしむ。

河岸では一〇年も丁稚奉公することはない。小僧のときから現場に出るし、早ければ数年で番頭格に納まる。店によっては、大変に素行の良い番頭が、店主の覚えめでたく養子に迎えられることもあった。これは昔の商家では店の土台を強固とするために、あえて外部の血を入れる習慣があり、有力仲卸などはそうした古来の経営理念に習ったのである。昭和三、四〇年代に養子縁組によって独立した仲卸店主が、現在では河岸の中堅として活躍している。それぞれの業会で役つきとなっているが、どこか物腰が低くて偉ぶったところがない。ちょっとした会合で意見を求められても、「わたしは養子なので」と軽く遠慮する。自分を卑下しているのではなく、もともとの礼儀正しさゆえのたしなみだろう。それに周囲も養子ということで低く見たりはしない。河岸では養子の社長は珍しくないからだ。

さて、仲卸の番頭が親店から独立するときには、商号の一字をもらって開店することが多い。そして準系列の仲卸、つまり親店と子店の関係を長く続けていくことになる。そこには子店同士のつながりもあるし、親店を中心に子店が集まって会を結成することもある。系列店で緻密な経営戦略を練ったりするのかもしれない。だが、たいていは寄り集まって、よその悪口を言ったり、ゴルフコンペを催したりしている。

また、養子縁組とは別に仲卸同士の子息、息女が結婚して両家が姻戚関係を結ぶことも多い。そのため河岸では意外な人同士が親戚だったりする。仲卸の社長が「あいつは昔から馬鹿なんだよ」と楽しそうに話すので、つい、「そうですね、あの人すごくバカですね」なんて相槌を打とうものなら、「何だとっ、あれはオレのいとこだ」としくじるハメになるのだ。

もとは年季奉公によって形づくられた人のつながりが、河岸のような閉鎖社会で世代を重ねると系統樹のごとき複雑なコネクションが形成される。そこでは激しい競争心理がはたらく反面、相互扶助的なつき合いもおこなわれる。何かの失敗で経営不振におちいったときに、かつての親店が助け船を出してくれることもあれば、もっと深刻な事態となって店が飛んでも、身ぐるみ心配してくれることすらあるのだ。

その一方で、弊害といっては何だが、浮世の義理として冠婚葬祭が日常茶飯事となる。有力な老舗仲買の系列だったりすれば、週末にはたいていどこかの結婚式か葬式に参列しなければならない。それがふたつ、みっつと重なり、わけがわからなくなることもある。礼服もひと揃いでは足りないし、祝儀不祝儀の出費だって、決して馬鹿にはならない。

あこがれの長靴

長靴は市場人のシンボルマークだ。河岸の人たちは毎日きれいに洗って見栄えよく保つのをたしなみとする。だが、誰もが長靴を履くようになったのは、そんなに昔のことではない。日本橋魚市場時代には働く人たちの履物は、草鞋や下駄、あるいは地下足袋なんてものが普通だった。昔の河岸は今よりもずっと足場が悪いし、それに運動量も多かったから、市場人の足元は何かと危なかっただろう。

長靴も明治時代にはすでにあったのだが、これが革製のたいそうごついもので、値段は大卒初任給の四分の一くらい。高価なため、履けるのは店主かせいぜい番頭クラス。河岸の若いモンにとっては、「いつかはオレも長靴を」というあこがれの存在だった。

それが大正時代にゴム長靴が登場すると、軽くて丈夫で、何よりも廉価《れんか》だったのですぐに普及し、魚河岸が築地に移って来る頃には、市場人の履物はすっかりゴム長靴に変わっていた。河岸でゴム長靴を最初に売り出したのが魚がし横丁の「伊藤ウロコ」だ。はじめは日本橋魚市場で下駄屋として店を開き、市場人の便利を考えて、高下駄を改良した「板割草履」を考案するなど工夫を重ねた。大正一〇年頃に最新のゴム技術をつかって魚河岸の仕事にふさわしいゴム長靴を売り出す。

一足ずつ手づくりの長靴もあるほど、ていねいにつくられた製品に印された「ウロコ」のマークは、魚河岸の守り神である龍神様をかたどったもの。「ウロコの長靴」を粋に履きこなすのが市場人の自慢となっている。

商号

仲卸売場を歩いていると、店の看板や通路の案内板に記された数多くの商号が目を引く。それらはたいてい漢字二文字ないし三文字の組み合わせなのだが、初めて目にすると、これが何と読むかわからない。「佃魚」というのは「つくだうお」なのか。それとも「つくだざかな」？　と首をかしげてしまう。慣れれば自然に読めるのだが、商号の多くは訓と音を組み合わせた湯桶《ゆとう》読みとなっている。これは江戸時代の魚問屋・仲買の商号が「屋号（○○屋）＋店主名」を省略した表記であった流れをくんでいるためだ。

例えば「鷲屋《わしや》善四郎《ぜんしろう》→鷲善《わしぜん》」、「今津屋《いまづや》源右衛門《げんえもん》→今源《いまげん》」、「伊勢屋《いせや》長兵衛《ちょうべえ》→伊勢長《いせちょう》」という具合だ。そのほか「佃」を「つく」と略す、「須賀」は濁らずに「すか」と読むなどの習慣がある。だから「佃魚」は「つくうお」と発音するのが正しい。

こうした商号を調べることで明治時代、あるいは江戸時代にまでさかのぼって系譜を探ることができる。水産ジャーナリストの岡本信男氏が『日本橋魚市場の歴史』（一九八五年・水産社）で、河岸に多くみられる「米屋」号（米○）の由来について詳細に検証している。それによると、寛永の頃（一六二四―四五）に日本橋伊勢町で米穀問屋を営んでいた米屋太郎兵衛《こめやたろべえ》が魚問屋に転身したのが、現在の「米○」の創始であるという。

江戸時代に日本橋魚市場と隣接する伊勢町には米河岸があって江戸一番という繁昌をみた。しかし、おいおい魚河岸が発展してくると、両者の勢いは逆転する。そんなこともあって、小田原町の魚河岸と伊勢町の米河岸とは犬猿の仲で、両町の祀る常盤稲荷の初午《はつうま》には魚河岸と米河岸の若い者同士が一戦交えるのが毎年の恒例だった。

代々米屋太郎兵衛は大問屋となって「米屋」号のコネクションを築いたが、文久二年（一八六二）に何らかの理由で休業に追いこまれて、米屋安五郎（米安）の元にかくまわれている。

こんなふうに商号をたどっていけば、最終的には魚河岸の壮大な系譜がつくれるかもしれない。わたしなどはよく、そう考えたものである。しかし、近代以降にできた新興店舗では、江戸時代の屋号とは離れて、個人名を商号としたり、別の洒落た商号を名のることも多くて、大変に錯綜している。いかに取材しても埒《らち》が明かないと、結局、系譜づくりは断念した。とはいえ、江戸以来の老舗店に関しては、文献などを調べてある程度は特定することができる。魚河岸の歴史に興味を覚える人の便利に、ここにごく簡略に記しておこうと思う。

「佃屋号（佃《つく》〇）」

魚河岸の創始者である森孫右衛門の子九左衛門が佃屋九左衛門を名のった。すなわち森一族直系ともいえる屋号だ。

「大和田号（大《だい》〇）」

森孫右衛門とともに江戸に渡った井上与市兵衛《よいちべえ》が大和田与市兵衛を名のった。摂津国大和田村出身の魚問屋である。この屋号には大和田善次郎の直系といわれる「大善《だいぜん》」が知られている。

「伏見屋号（伏《ふし》〇）」

やはり最初に江戸にやって来た伏見屋佐兵衛を直系とする屋号と思われる。

「野田屋号（野田〇）」

こちらも森孫右衛門と行動をともにした野田屋庄兵衛から続く屋号だ。

以上は魚河岸草創期を築いた摂州佃大和田両村出身の魚商人の系譜である。

「西宮号(西○)」

西宮号も古くから続く屋号で、延宝三年(一六七五)の『大武鑑《だいぶかん》』に「御さかなや　おたわら町(日本橋本小田原町)　源右衛門」とあるのは、当時勢いのあった西宮源右衛門のことと思われる。現在の西宮号は享保の頃(一七一六―三五)に巨万の富を築いたといわれる西宮源兵衛(西源)の系譜だろう。

「鯉屋号(鯉○)」

宝永元年(一七〇四)の『武鑑』に出てくる「小田原町　鯉屋小兵衛」は井上与市兵衛の子孫と伝えられるから大和田号から分かれた屋号と思われる。代々幕府の鯉御用をつとめたことから「鯉屋」と称したのだろう。鯉屋小兵衛と同じ頃に鯉屋市兵衛と名のったのが、松尾芭蕉の高弟として名高い杉山杉風《さんぷう》その人だ。彼は芭蕉の庇護者として知られ、所有する深川の生簀に芭蕉庵をこしらえている。有名な「古池や蛙飛び込む水の音」は鯉屋の生簀で詠まれたものなのだ。

享保四年(一七一九)の幕府調書には、さらにふたつの屋号が出てくる。

「伊勢屋号(伊勢○)」伊勢から出た魚商人。伊勢屋岸右衛門の名が見られる。

「越前屋号(越《えち》○)」こちらは越前地方の魚商人で、越前屋孫右衛門が知られる。

さらに見ていくと、

「山崎屋号(山○)」享保一二年(一七二七)の証文に山崎屋又左衛門とある。

「遠州屋号（遠○）」同じ享保一二年証文に遠州屋九兵衛とある。
「金沢屋号（かね○）」元文五年（一七四○）の魚市場行事名簿に金沢屋吉兵衛（かね吉）の名がみえる。
「佐野屋号（佐○）」延享三年（一七四六）の納魚訴願書の連名に佐野屋七兵衛（佐七）がある
「和泉屋号（泉《いず》○）」宝暦二年（一七五二）の幕府調書に和泉屋四郎兵衛という名が出てくる。
文化一一年（一八一四）に幕府への納魚をめぐって「建継事件《たてつぎじけん》」と呼ばれる紛争が起こっている。このときの町奉行への回答書に次の屋号が連名されている。
「堺屋号（堺《さか》○）」堺屋忠兵衛（堺忠）
「手品屋号（て○）」手《て》品屋《しなや》吉兵衛（て吉）
「海野屋号（海○）」海野屋総三郎
またこの紛争で牢死した問屋の追善墓にも多くの屋号が記されている。
「今津屋号（今○）」今津屋源右衛門（今源
「尾張屋号（尾○）」尾張屋治郎右衛門
「須賀屋号（須賀《すか》○）」須賀屋《すがや》甚助（須賀甚
「三木屋号（三木○）」三木屋次郎吉（三木次
「亀屋号（亀○）」亀屋徳右衛門（亀徳
「万屋号（萬《まん》○）」万屋《よろずや》吉左衛門
「富岡屋号（富○）」富岡屋常蔵（富ツネ）　……このくらいにしておこうか。

築地の二代目

築地市場の仲卸は、古く魚問屋時代からの世襲制、家族経営を引き継いでいるから、何世代にもわたって商っている店が少なくない。なかには江戸の慶長年間の創業で当代とって一七代という大変な老舗もある。だが、一番多いのは、河岸が日本橋から築地に移って来た頃に旗揚げした店だろう。日本橋の魚問屋に奉公し、小僧からの叩き上げで力をつけて、築地移転とともに独立を果たした。彼らを初代とすれば、そこから数えて現在は三代目の時代となる。河岸で石を投げれば三代目に当たるといわれるほど人数が多い。河岸の発展期を経験した二代目を引き継いで、バブル崩壊後の不況期を体験した世代だけに苦労の多い三代目である。

さて、ここで注目したいのは、成り上がりの初代と苦労人の三代目に挟まれた二代目の存在だ。日本の高度成長期に合せるように築地が最も繁盛した「良き時代」の店主である。彼らの特徴は、いかにも河岸の旦那らしい風情をたたえていたことだろう。河岸特有の強気の商いを堂々とおこない、そして金を湯水のようにつかって遊ぶ。落語とか芝居に登場する、いわゆる豪気な魚河岸の旦那衆というのは、江戸時代に存在したか、そうでなければ築地の二代目のイメージがそれに近いかもしれない。

二代目の商売を端的にあらわすことばに「手組みの大将」というのがある。腕組みしたままで、客が来ても「いらっしゃい」なんて世辞は一切いわない。気に入らなければ、よそへ行けみよがしの態度を取る。それというのも当時の顧客であった小売の魚屋をどこか見下していたからだ。昔の河岸では魚屋を「方角師《ほうがくし》」などと呼んだ。これは、もともと香具師《やし》のほうの隠語で、縁日にサバなどを商う露店売りをそう言ったのだが、吹けば飛ぶような魚の小売りなど露店商と同じだと揶揄《やゆ》したのだろう。だから、店主は魚屋とのやり取りなどはあまりしたがらず、店の者にまかせて、自分は奥で腕組みしている。もしも魚屋が値切ろうとすると、奥から「呉《く》れてやれ」と怒鳴るのだ。本当に呉れてやるならカッコイイが、実際には鮮度が落ちて風《ふう》の悪い魚に、本当は八〇銭程度のものを一円に吹っかけておいて、魚屋が値を掛け合うと、その二十銭分だけを「呉れてやれ」というわけである。

今は得意先が量販店となり代金支払いも三〇日先、六〇日先、なかには半年先のサイトなんてこともある。ところが小売りの魚屋相手の商売では、すべて現金売りで「掛け売りはいたさず」だから、その場で金が入って来た。その日の売上をそっくり腹巻に突っ込むと、どういうわけか店主は、これが全部「利益」だと思い込む。そして、河岸引けにその金を持って遊びに出かけてしまうのだ。飲む・打つ・買うと三拍子揃った大ドラが河岸にはざらにいて、それで身代を失くした話も数多い。二代目が財産を食いつぶすのは、昔からよく言われることだから、しっかりした店では外から養子を入れて屋台骨を守ることもあった。

もちろん堅実に店を大きくした二代目だって、たくさんいるのだが、「古き良き」時代を体現した世代だけあって、店を失くさないまでも義理の悪い借金をこしらえたとか、とかく世知辛《せちがら》い現在の仲卸経営とかけ離れた価値観を持ち出すので、「もう口を出さないでくれ」と三代目に引導《いんどう》を渡され、第一線を退いた者も多い。

「オレは準禁治産者みたいなもんだ」などと言いながら、昔の河岸の商売や遊びを自らの武勇伝を交えて話してくれた築地の二代目がいた。今では河岸のベッドタウンである月島あたりで、毎日植木に水をくれると午後七時には就寝するという規則正しい生活を送っている。

トロ伝説

マグロの脂身を「トロ」というのは、日本橋の老舗『吉野鮨』から始まったという。何でも三井物産の社員さんの命名らしい。大正時代にこの店を贔屓《ひいき》にしていた三井物産の人たちは好んでマグロの脂のところを注文するが、これには名前がなかった。初めは「『段だら』をちょうだい」とか「『シモフリ』にぎってよ」なんて注文していたが、もっと気のきいた符牒にしようということになり、口のなかでとろっと溶けるから「トロ」というのはどうだい、なんて決めたのだそうだ。

たぶん、それはホントの話、だろう。だが、それがどうして世間に広まったのだろうか。いろいろなところで同時につかわれ出したことだって考えられる。何といっても、その時代に生きていないのだからわからない。

また、昔は「トロ」は捨てられていた、なんてことがよく言われる。わたしも何度か書いた。脂身は傷みやすいから、冷蔵技術も輸送手段も発達していない時代には、腹痛を連想させる代物だったことは想像に難くない。だが、それだってホントかどうだか。もちろん商売物としての価値は低かったにしろ、絶対に食わなかったというのも不自然な話ではないだろうか。確か明治の人が、「アレはうまい。好物だ」なんて書いているのを読んだ記憶がある。やはり明治生まれで、マグロ屋の大旦那だった古老に話をうかがったときも、「『トロ』を捨てたことは生涯いちどもない」といっていた。

「トロ」の話はどれも面白いが本当はわからない。定説とは確かめようがないことをいうのだろう。

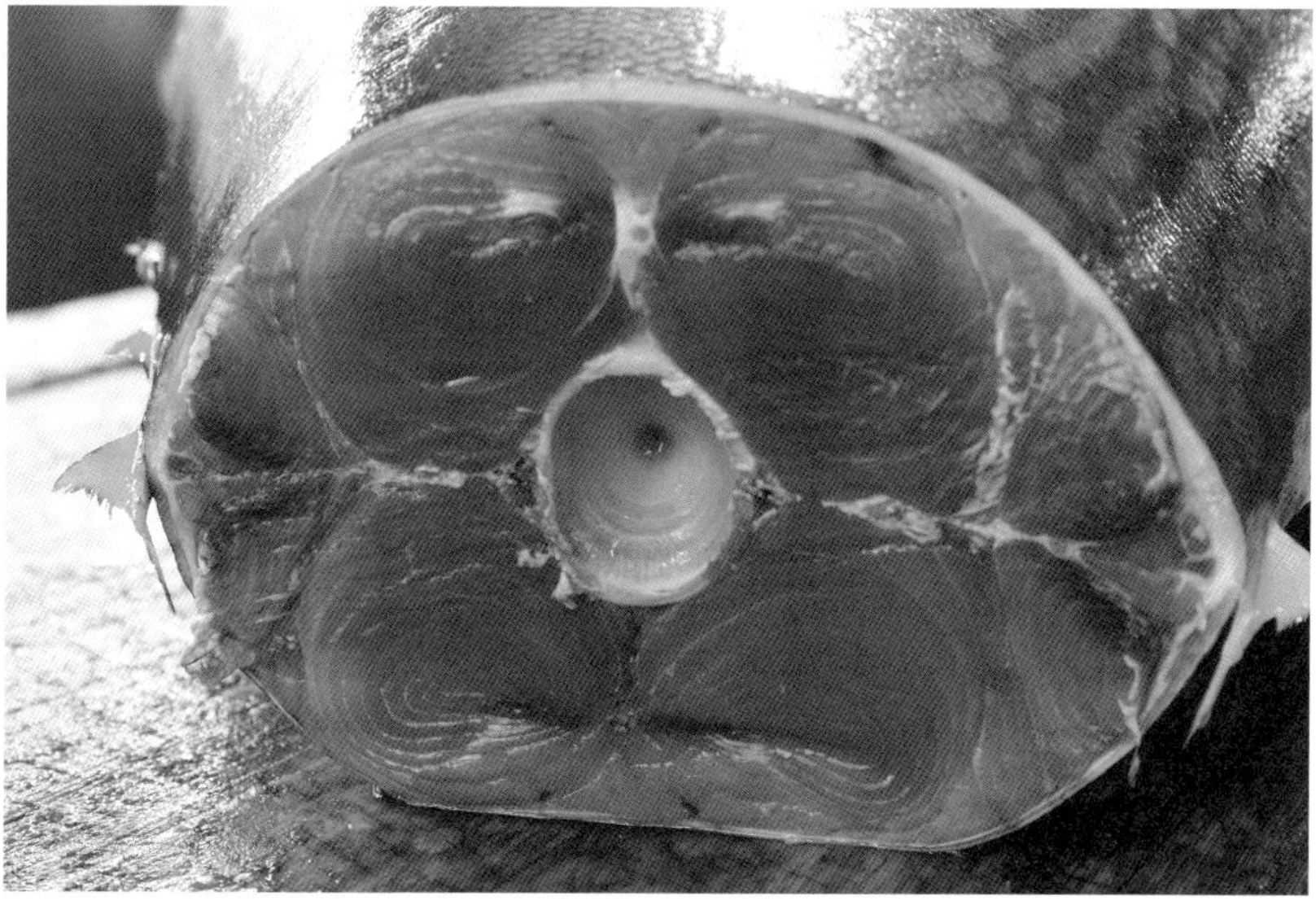

シンメトリーなマグロの尾部。仲卸はここを見て価値を判断する。

死んだ魚は海にはいない

魚はとんでもなく多産だ。たとえば、イワシやニシンなどは数千から数万粒を産卵する。これがマグロになると、卵の数は何と数百万粒にのぼるというから大変だ。何でも産卵数は、その魚がいつ頃から地球上に存在していたかに関係していて、登場年代が若い魚ほど多産らしい。イワシ、ニシンは太古から泳いでいたのにくらべて、マグロはずっと最近の歴史年代に登場して来た魚というわけだ。

いずれにしろ近年、少子化で子どもをあまり産まなくなった人間にくらべて、いや、生物全体からみても、魚類というのは大変な多産だ。にもかかわらず、そこから一対の雄と雌として次代の親となる魚というと、これがごくわずか。ほとんどがそれまでに死んでしまう。つまり、多産であるとともに、とんでもなく多死なのだ。

数百万粒のマグロの卵から成魚になるのは、どれだけいるかというと。天敵にやられず、厳しい環境にさらされながらも適応し、マグロとしての生涯をまっとうできる確率は、実に一万分の一。〇・〇一％にすぎない。まったくの偶然の積み重ねだ。一本のマグロがそこに泳いでいるのは、ひとつの奇跡といっていい。それをつかまえてガツガツ食べてしまうのだから……嗚呼。

ほとんどの魚が死ぬために生まれる。もの悲しさを感じずにはいられない。だが、実はこれが自然の理に適っていることなのだ。なぜなら、少しでも生存率が上がると、海は魚で一杯になってしまうから。そして、結局は絶滅に向かう。たとえば、サンマの生存率が一割上がったとすると、およそ二〇〇年で世界中の海にみっしりサンマをしきつめても、まだあふれるという状況におちいってしまうらしい。打ち寄せる波をよく見たらサンマの大群ではないか、なんてことになる前に、増えたサンマはもっと大きな魚に食べられることになっている。これが自然の法則。非情ともいえる厳しいバランスの上に保たれる生命の掟だ。だから、公害や自然災害が原因でもない限り、海に死んだ魚を見ることはない。淘汰される魚は、すべからく、ほかの魚に食べられてしまうのだ。

ところが人間と来たら、このバランスを崩すのが得意だ。自分たちの都合で魚をとったり、また、とらなかったり。うまいとか、まずいとか、健康にいいとか、悪いとか。あげくに資源が減った、海を守れ、と大騒ぎするが、結局は食物連鎖の最上位にいて、霊長類を自負する人間の好き勝手だったりする。もしも、自分らよりもっと強いのが現れたなら……凶悪な異星人でもやってきて人間をかたっぱしから食ってしまう、などというバカな想像をしてみる。そのときに刺身で食われようと、佃煮にされようと、どうせ食われてしまうなら、せめておいしく食べてと思う、だろうか？　よくわからないが、これは「マズイ！」とゴミ箱に捨てられるのだけはご勘弁だ。

河岸にいた人間のいうことではないのだが、魚（に限らずどんな食べ物も）を食べるのに、余計なことを考えすぎる気がする。それがどこ産だとか、栄養価がどうだ、なんてことは、本当はどうでもいい。それよりも、今、食べているこの魚が、ちょっと前まで泳いでいた、まぎれもない生き物だということが何より重要に思う。食物連鎖ありがたやと、少しだけ謙虚な気持ちになって、それを身体にとり入れるとき、自分もまた自然に生かされている存在にちがいないと気づかされるのだ。

旬はわからない

魚は「旬」を食べるのが一番。何しろ「うまい」「安い」「たくさんとれる」と良いことずくめだから。

では、なぜ「旬」に魚はうまくなるのだろうか。そしてたくさんとれたり、安くなったりするのか。そもそも「旬」の正体とは何だろう?

魚にとっての「旬」は産卵期を意味する。種族保存という生涯の一大イベントのために、彼らは身体に栄養をつけてブクブクと太り、身に脂をたくわえるのだ。これが「旬」の魚がうまい理由である。そして産卵場所へいっせいに集まって来るので、たくさんとれる。とれるから安くなる。こうしたからくりだ。そのほか移動性の魚——イワシとかサンマとかアジとかカツオとかマグロとかサバなどの回遊魚が、お決まりのコースをたどって日本近海にやって来る。この時季もまた「旬」と呼んでいる。長距離を泳いで来た魚たちは身もしまり、脂もよくのっているので、やはりうまいと感じるのだ。

人間が手を加えずとも、自然のサイクルのなかで魚が勝手にうまくなってくれる。何とありがたいことだろう。つねに「旬」にしたがえば、うまく魚が食べられるわけだから。

ところが、それがなかなかうまくはいかない。

必要があってマイワシのことを調べていたのだが、あれ? イワシの「旬」って夏だったよな。「入梅イワシ」っていうし……考えてもわからないので、河岸の仲卸にきいてみると、「もちろん夏だ!」という人もいれば、「春だよ、春!」「いや、本当は秋なんだ」「冬のイワシが一番うめえぞ」と、見事に四季バラバラの返答をいただいた。

それってどういうこと？

河岸の人たちはそれぞれの経験を語るわけで、あのとき食ったヤツがうまかったとか、たくさん入荷したとか、良い商売ができた、といったことはすべて事実である。どれも情報としてまちがってはいない。それでは魚の「旬」は把握できないような、いいかげんなのだろうか。

実はそうなのだ。魚の「旬」なんて本当はわからない。何といっても相手は自然であって、人間の思うように動いてはくれないのだ。産卵時季が大きくずれることはよくあるし、回遊魚がちょいと寄り道することだって決して珍しくはない。どうも人間は魚の気持ちがよくわからない。そして旬の時期はいつだってずれているものなのだ。それに自然の気まぐればかりでなく、人間の都合で「旬」など変わってしまう。回遊魚を待ってとるのではなく、沖合に追いかけてとってしまう。そのおかげで梅雨も明けないうちから、新サンマが出回り、しかもこれがとてもうまいときている。

かくして「旬」の魚を食べようと思っても、その区分は、はなはだ不明瞭で、河岸の仲卸は自分たちの経験から思い思いの時季を教えてくれることになる。「旬」の魚のうまさには理由があるのだが、どうやらカレンダーに印をつけられるものではなさそうだ。

にもかかわらず、「旬」は売り文句として良い魚の代名詞となっている。どうやら「旬」は情報ではなく、季節のうつろいを感じやすい日本人の琴線にふれる価値観のように思う。

つめたく冷やして

新鮮な魚を食べるために氷は必要不可欠のものだ。しかし、普段から当たり前のようにつかっているものだが、その普及には大変な紆余曲折があったのである。魚食文化の立役者ともいえる氷の物語をたどってみよう。

幕末の新興地横浜は西洋の新奇な文化に満ちていた。この地で外国人向けの貿易を生業としていた四三歳の中川嘉兵衛《かへえ》は、ある日、横浜に逗留中の米国医師ヘボン博士からこんな話をきく。

「日本では病人に氷をつかわないので多くが死んでしまう――これから氷の需要は必ず増えるだろう」

これに強く感銘を受けた嘉兵衛は、自らが氷事業を興《おこ》してやろうと心に決める。さっそく富士山の天然氷を横浜まで運ぶことを考えた。人足を頼み、富士の万年氷を切り出すと、馬の背に乗せ東海道を急ぐ。しかし、三尺もあった氷塊は平塚、藤沢と進むうちに、わずか数寸にまで縮小し、横浜に着くと、すべて解けて流れてしまった。失敗である。次に彼は水運の利用を考えた。その頃、宮古や石巻から東北の産物が帆船で盛んに横浜に送られて来る。この船に氷を乗せようというのだ。行動も機敏に東北へ向かうと、岩手県鍬《くわが》ケ崎《さき》にうってつけの採氷地を見つけた。人を雇い採氷・貯蔵を急がせる一方、土地の廻船問屋と交渉に入る。ところが、「そんなのダメだよお。氷なんて解けて失くなっちまうよ」と引き受けてもらえない。どこを当たってもこんな調子で、結局、切り出した氷はまたしても水と流れてしまった。

しかし、二度の失敗にも嘉兵衛は少しもめげない。行きがけの駄賃とばかり、さらに北上を続けて蝦夷地は函館にたどりつく。そびえたつ難攻不落の五稜郭《ごりょうかく》、その城壕一九〇〇間に良質の氷を発見したとき、嘉兵衛はよろこびの涙を禁じえなかった。彼は大胆にも函館新政府総裁である榎本武揚《たけあき》に謁見を申し込むと、「いいでしょ、いいよね、よし決まった！」と、電光石火のゴリ押しで採氷許可を取りつける。そして、休むひまなく函館港に停泊する外国船に採氷を依頼して回った。ところが、準備万端、さあ事業開始と張り切るところに函館戦争勃発。頼みの函館新政府は崩れ去った。あまりのショックに嘉兵衛は呆然とするが、幸いなことに彼の事業は明治新政府でも認められる。北海道開拓使黒田清隆《くろだきよたか》が「いいんじゃね」と許可して、五稜郭の採氷権を取得した。

まもなく、嘉兵衛は東京へと踵《きびす》を返すと、永代橋際に貯蔵倉庫を借り受け、市中への氷販売を開始した。時に明治五年（一八七二）、これが日本における氷販売の最初となる。その後、嘉兵衛は、深川越前堀、花房町《はなぶさちょう》、京橋木挽町《こびきちょう》と、次々に氷蔵所をつくり、それらを統合する中川組を設立する。明治一四年（一八八一）、東京上野で開催された第二回内国勧業博覧会において、中川組の氷は優秀賞を獲得。氷に浮き彫りにされた竜のマークから、「竜紋氷《りゅうもんこおり》」の名をとどろかせたのである。その頃、米国からより安価な「ボストン氷」の輸入も始まるが、「竜紋氷」は品質の高さから競争相手を寄せつけることはなかった。

その後、長年にわたり五稜郭の採氷権を一手に握った中川組であったが、明治二三年（一八九〇）に入札制度の導入により、その権利を失う。しかし、これを機に嘉兵衛は「最早天然氷の時代は終わりだ」とばかりに、巨費を投じて、東京本所業平橋にイギリス製五〇トン製氷機を持つ機械製氷株式会社を設立。わが国最大の製氷企業へと動き出すのであったが、ここに中川嘉兵衛の命脈は尽きることになる。享年八一歳の大往生で、氷の先覚者の遺志はその後継者へと引き継がれた。

もっと、つめたく冷やして

最高水準の製氷機械を引っ提げてスタートした機械製氷(株)だったが、そこに大問題が持ち上がった。誰もこの巨大な機械の操作法がわからないのである。実は英国技師が来日して据えつけから操作指導までおこなう予定だったが、ゆっくり紅茶でも飲んでいて船に乗り遅れたのだろう。いくら待てどもやってこない。誰かわかる日本人はいないか？　ということで機械学の権威に連絡を入れるが、「腹がいてえ」とか理由をつけて尻込みされる始末。まったく途方に暮れた会社は、たまたまその場にいた若い技師に「ちょっとアンタやってみてよ」と無理難題を押しつけるのである。

この無謀な役目を仰せつかるのが後に会社の重鎮となる和合《わごう》英太郎という人物だ。彼はもともと金物屋の職人で、大型機械はずぶの素人である。だが頼まれたら後には引けねえという気組《きぐみ》の人であった。ともかく一夜づけで知識を得ると、こけら落としの当日は成就を神仏に祈願し、自らは匕首《あいくち》をのんで、万が一の失敗には死をもって責を負うの覚悟で挑む。何という鉄火肌であろうか。幸いなことに機械は正常に作動し、ここに日本の製氷産業は産声を上げたのである。

ここからこの会社の快進撃がはじまり、大正期には全国製氷産業の四〇パーセントを占める、今なら独禁法違反というほどの成長をみる。さらに数々の買収・合併を経て現在の(株)ニチレイへと至るサクセスストーリーの紹介は別の機会に譲ることにして、ここで製氷の普及が水産流通発展にどのように寄与していったのかを見てみたい。

実をいうと、水産業界では氷はなかなか普及しなかったのである。その理由は水産現場に「機械氷は魚に良くない」という俗信があったからだ。

日本橋魚市場では魚に氷をつかうのはご法度とされていた。魚は籠《かご》に入れ、一晩夜風にあてて冷やし、翌日売り出すのが一番いい、などという常識がまかり通っていたのだ。得意先の料理屋なども氷詰めの魚なんて仕入れねえよ、と断る始末である。どういうことかはよくわからないのだが、思うに盤台で氷が融けたところに魚の血が混じるのは見栄えが悪い。それよりも笹っ葉でくるむのが綺麗事ということなのかもしれない。ともかく水産流通の現場では製氷はまったく普及せず、氷詰の魚が大ぴらにまかり通ることはなかった。

だが、さしもの頭の固い連中も鮮度低下と衛生問題を無視できない事態が勃発する。大正一一年（一九二二）のコレラ大流行は、江戸開府以来無休を誇った魚河岸を五日間の自主休業とさせる大事件となった。これを機に魚の氷蔵は不可欠という認識が浸透し、翌年の関東大震災後、築地でのあらたなスタートにあたって、昭和七年（一九三二）、市場内に製氷設備が備えられる。河岸でもようやく製氷が普及するのだった。

さて、あれほど嫌った氷だが、つかってみるとこんな便利なものはない。そうなると河岸の問屋、仲買が氷を独占してしまい、買い出しの魚屋には少ししか回さなかった。これには魚屋たちが憤慨した。普段から河岸では不当に低くあつかわれている上に、氷をよこさないとはどういうことか。我々は河岸の一番のお得意ではないか。魚屋の不満はついに爆発して、東京中の魚屋が一丸となって河岸をボイコットする不買争議にまで発展する騒ぎとなったこともある。

切っても切れない魚と氷の関係も、最初はまったく一筋縄ではいかなかったのだ。

市場の子

河岸は小さな町みたいだという人がいる。

確かに市場内には、あらゆる店舗や施設が存在していて、たいていの都市機能なら備わっている。まず魚屋と八百屋があるのは当然として、寿司屋、和食、洋食、中華などの飲食店や金物屋、薬局、工具店などの商店がずらりとならぶ。具合が悪ければ病院（診療所）もあるし、髪を切りたければ理髪店が四軒もある。浴場も宿泊所も完備され、「銀鱗会」という図書館や魚市場らしく水族館まである。コンビニはないが、「まんじゅうや」と呼ばれる売店には、市場人に必要なものが何でも売っている。会社やお役所もあるので、何となれば仕事に就くことだって可能だ。銀行に信用金庫、郵便局もやっているから、お金の出し入れや荷物の発送にも便利。将棋や碁の会所に顔を出したり、プールで泳いだりもできる。さらに、お隣の場外市場には墓地だってあるから、あとは学校さえつくれば、「ゆりかごから墓場まで」河岸から出ずに一生を過ごすことも可能だったりする。

エミール・ゾラの小説『パリの胃袋』に中央《レ・アル》市場のなかで生まれ育つ子どもの話が出てくるが、もしかしたら築地にも、かつてはそんな人がいたかもしれない。まあ、河岸のなかだけで育ったといわないまでも、子ども時代に一日のかなりの時間を河岸で過ごしたという人はいる。以前、仲卸にいたUさんは、両親が河岸に勤めていたから、学校が終わると家ではなく市場に向かう。仲卸店舗の裏にランドセルを置いて、夕暮れまで市場内で遊び、やがて仕事を終えた両親と、仕事場や市場の飲食店でご飯を食べて、自宅に眠りに帰るという生活だった。Uさんは学校では「市場の子」と呼ばれていたという。

「おとうさんのいるいちば」

その頃はまだトラックがほとんど入ってこなくて、市場内のあちこちに空き地があったから、午後になると子どもたちの格好の遊び場になっていた。缶けりや鬼ごっこ、かくれんぼなどに興じたり、トンボ捕りとか、魚釣りの名人なんて子もいる。Uさんによれば「どこからかたくさん子どもたちが集まってきて、誰でもうちとけて遊んでいた」のだそうだ。河岸は子どもたちの笑い声の絶えない社交場のようなところだったのだろう。

それは、高度成長期前夜の昭和三〇年頃の話で、それから数年を経ると河岸も忙しくなり、市場内から子どもたちの声も消えていった。東京の町はあわただしく変化を続けて来たが、河岸という小さな町もまた、いろいろな変遷をたどったようだ。

築地ものがたり

築地という地名がしめすように、海を埋め立て築いた土地である。明暦三年（一六五七）の大火、俗にいう振袖火事によって江戸の大半が焼失した後の復興計画で、隅田川河口部の鉄砲洲南側一帯が開発されたときにつくられた。浅草横山町にあった本願寺も被災して築地に移ったが、その再建にあたっては佃島の門徒衆が海を埋めて土地を築いたと伝えられる。佃の漁師たちは、かつて佃島を自分たちの手で造成したほどだから、当時相当の土木技術を持っていたのだろう。

築地本願寺の南側は、寛文四年（一六六四）に日本橋魚市場の魚問屋たちが幕府に願い出て開かれたという。そのため、魚河岸の発祥である日本橋小田原町を本小田原町として、こちらは南小田原町と名づけられた。築地が古くから魚河岸と関係しているのは不思議な縁といえる。南小田原町には河岸がつくられ、魚貝も荷揚げされていたというから、昔から魚にゆかりの深い土地だったようだ。

築地埋め立ての際に荒浪で難儀したおり、浪間を流れて来た御神体を祀《まつ》ったところ浪が静まり工事がはかどったという由来を持つ波除稲荷神社は万治二年（一六五九）に建立《こんりゅう》され、以来築地一円の氏神となっている。

江戸時代の築地は半分ほどが武家地で、大名の別宅である中屋敷や下屋敷が多くつくられ、下級武士の住居も分布している。現在の築地市場が建つ場所には、寛政の改革を断行した時の老中《ろうじゅう》松平定信の下屋敷があった。定信は緊縮財政を旨とする政治理念とは裏腹に、隠居後ここに浴恩園《よくおんえん》という大変に豪奢な庭園をつくっている。二万坪の園内には中国の景勝に見立てた五一のミニチュア名所を配し、春風《しゅんぷう》、秋風《しゅうぷう》と名づけたふたつの池にはそれぞれ桜と紅葉を植えて、春秋に風雅を味わえる見事なものだったという。

一方、南小田原町から明石町の沿岸は、隅田川河口部の立地条件の良さから廻船問屋が多く、また、武家と町人の居住が隣接していたため、屋敷相手の商売を目当てに米、炭、薪、肴屋などの問屋・仲買が集住して活況を呈した。元禄一一年（一六九八）の大火では、薬研掘にあった御米蔵《おこめぐら》が築地に移っている。そのため南小田原町周辺には精米をおこなう搗米屋《つきまいや》が多くできた。しかし、海岸地ゆえに潮風で米がふやけてしまうというので、二〇年後の享保二年（一七一七）に御米蔵は浅草蔵前に移されている。

嘉永六年（一八五三）の黒船来航を機に、海防の必要に迫られた江戸幕府は、オランダの意見に基づき軍艦咸《かん》臨丸《りんまる》を購入、洋式海軍の創設にふみきる。安政二年（一八五六）には、長崎に初の海軍学校である長崎海軍伝習所が開かれ、航海術、砲術、機関術などを教えた。その卒業生には勝海舟、松本良順、幕府天文方の小野友五郎らが名を連ねている。伝習所は安政六年（一八六〇）に閉鎖されたが、これを引き継ぐように築地南小田原町の堀田家屋敷内に軍艦操練所が設けられ、学長にあたる教授方頭取《きょうじゅかたとうどり》に勝海舟が就任した。

このような経緯から、明治新政府下に築地周辺には海軍の重要機関が次々に建てられる。明治三年（一八七一）、旧浴恩園跡地は海軍省施設に接収されて、春風池、秋風池の大池も艦船用のドックにつくり変えられた。敷地内の築山には海軍大臣旗が掲揚《けいよう》され、通称「旗山《きざん》」と呼ばれる。また、明治期には海軍将校養成のための兵学校、大学校、軍医学校、経理学校などが次々とつくられて、築地は海軍ゆかりの地となった。

その一方で、南小田原町から明石町にかけては、西洋文化の窓口として、新奇な事物が次々にとり入れられ、町並みも日本のなかの外国といった趣きを漂わせていく。

日本最初のホテルが南小田原町に建設されたのは明治元年（一八六八）のことだ。安政五年（一八五八）の日米修好通商条約締結をきっかけに外国人が居住する場所が必要となり、幕府は近代的ホテルの建設にとりかかる。設計者は横浜および新橋停車場を設計した米国人ブリジェンヌ。施工には現清水建設の祖、二代目清水喜助氏があたっている。通称「築地ホテル館」、外国人からは「江戸ホテル」と呼ばれた。

木造四階建て、かわら屋根になまこ壁、ベランダのある接客室に鎧戸つきの窓をもうけ、海に面した中庭に日本庭園を築く和洋折衷様式。とくに印象的なのが火の見やぐらにヒントを得た屋上塔で、これは後に海運橋際の第一銀行などの近代建築にもとり入れられた。塔上からの眺望は江戸の町並みはもとより、遠く房総から富士山まで見渡す絶景で、江戸前海を行き来する帆船や白魚漁のいさり火など、外国人の眼には、さぞエキゾチックに映ったことだろう。

しかし、幕末から明治初年にかけて江戸東京市中の治安悪化から、ホテル館を訪れる外国人客は思うように増えなかった。経営難からホテル館は明治三年に閉鎖され、同五年の銀座大火により焼失する。竣工からわずか五年という幻のような存在だったが、当時の東京市民にとってホテル館の威容は非常な驚きで、あたらしい首都東京の名所として数多くの錦絵に描かれている。また、ホテルのあった海岸辺は「ホテル下」と呼ばれ、地元の遊泳場になったという。現在の築地市場内にある厚生会館裏の岸壁のあたりだろうか。

築地ホテルと時を同じくして、現在の中央区明石町付近には外国人居留地が設けられた。

「外国人の住宅ばかりで、どこからともなくピアノの音や讃美歌のコーラスを聞く時は一種のエキゾチックの気分に陶酔する」と明治の文人内田魯庵《ろあん》が書いているように、ホテル、ミッション・スクール、病院、税関、レストラン、パン製造、活版印刷、指紋研究、測量術、建築術、語学、宗教など、築地から次々と生まれるあたらしい事物は、明治の軽薄な欧化礼讃《おうからいさん》とあいまって、東京市民に物珍しくハイカラな文明開化の気分を醸成していく。ところが、居留地に住む外国人の不法行為が次第に問題化して来た。米の空相場や酒や阿片の密売が横行するのだが、居留地内は治外法権だからと取り締ることもできない。結局、明治三二年(一八九九)の日米条約改正とともに米国人居留地は廃止となった。何かと問題はあったにしろ、居留地に住んだ外国人には文化、学問、技術の伝道に尽力した人もたくさんいて、日本の近代化に大きく寄与したといえるだろう。

大正一二年(一九二三)の関東大震災は東京から江戸の残滓《ざんし》を消し去ったといわれる。震災後の復興計画で築地も変貌をとげた。区画整理による町名地番改正が混乱をもたらし、晴海通りの開通では町が分断される。そして、震災で焼失した日本橋魚市場の移転によって、築地はかつての洋風イメージから食の町へとその性格を大きく変えていった。海軍ヶ原と呼ばれた築地海軍技術研究所跡地に建てられた東京都中央卸売市場築地本場は、魚河岸を前身とする水産物部と京橋の大根河岸《だいこんがし》を移した青果部からなる。正式には昭和一〇年(一九三五)の開業だが、それまで一〇年あまり、業者収容に関するトラブルによって産みの苦しみに似た期間を過ごした。

築地本願寺はもともと西南の方角を向いていて、参道に門前町を形成していた。それが震災による被害で境内の墓地の多くが杉並区にある同寺和田堀廟所《わだぼりびょうしょ》へと移転する。そこに中央市場の盛況に合わせるように水産物商などが入ってきて、自然発生的に発展したのが場外市場だ。お墓の跡地で商売をすると繁盛するという巷説どおり、全国から集まる食品・調理用品をあつかう店舗は五百を数え、都内最大の問屋街にまで成長をとげる。

戦時中には統制経済によって灯の消えた築地市場も、戦後数年を経て息を吹き返し、昭和三〇年代以降は空前の賑わいを見せることになる。都民の台所といわれ、世界最大の水産物流通量を誇る築地市場がこの町を代表する存在となった。その一方で、かつて水の町を形づくった築地川が昭和三九年(一九六四)の東京オリンピック開催と前後して埋め立てられ、高速道路一号線につくりかえられる。都市化とともに昔をしのばせる風情が少しずつ消えていった。

今、築地には高層ビル群と古き町並みが共存する風景を見ることができる。あちこちに歴史をしのばせる痕跡があり、ふりかえれば築地はつねにあたらしいものが生まれ、その歴史を風景に刻み込んで来た町であったことを認識せずにはおれない。多くの観光客が訪れる築地市場も豊洲新市場への移転によって、やがて史跡のひとつとして、その痕跡をとどめることになるのだろうか。

建設当初からの面影を残す石畳。魚河岸の代表的風景だ。

(上)場内は約1300もの区画に分かれ、店舗がひしめく。(下)大相撲の触れ太鼓。築地の風物詩。

（上）2016年6月、水神社の神輿が築地最後の場内巡行を行った。（下）場内は光の帯がきれいだ。

（上）マグロ包丁。繰り返し砥がれ3分の1ほどになるまで使われる。（下）マグロを運ぶ手鉤。マグロ屋の必需品だ。

(上)築地に欠かせない氷販(氷の販売所)。ベルトコンベアで角氷を上げる。(下)角氷は砕かれ、勢いよく吐き出される。

場内は明暗差が激しい。外光のスポットライトが通行人を照らす。

三清
つくだ煮・惣菜・珍味
金子

混沌とした雰囲気の通路。こんな場所が東京のど真ん中にあるのが不思議だ。

（上）チョット怖そうな人も多いが、皆とても気さくだ。（下）食用として売られていたカブトガニ。

(上)見た目はきれいなサヨリ。腹黒い魚の代表とされる。(下)店の裏で遊ぶ子どもたち。どこか昭和を感じさせる光景。

魚河岸と氷は切っても切れない関係。独特の大きな鋏を使って運ぶ。

（上）デジタルではなくアナログ秤を好む店は多い。（下）石畳と湯気。なぜかよく似合う。

(上)包丁は海水魚をさばくためすぐに錆びる。ワラで磨いて錆を落とす。(下)使い込まれた薬罐と七輪。

1広い通路に荷物が積み上がり人とターレが行き交う。2マグロ解体に使う包丁と鋸。3人と時間が作り上げた帳場。映画のセットでもここまではできないだろう。

セリ場の清掃風景。場内は海水で洗っているので蠅・蚊はほとんど発生しない。

マグロの中落ちを取った後の骨。背後の照明が透けてきれいだ。

（上）男性3人がかりでマグロの解体作業をおこなう。（下）息をこらして包丁を引く。長年の経験がものを言う世界。

（上）生本マグロの頭部。新鮮で目が黒々。（下）胴体の模様がこれほどくっきりしているのは珍しい。

去りゆく

休日の桟橋。魚の荷揚げは少なく、今では離島向け貨物船の発着場となっている。

あとがき

魚河岸に出る魚は、どんなに美しくとも食べられるためだけにある。しかも新鮮で姿形の良いものほど、先に売れて切られたり焼かれたりするのだ。河岸を歩くと、そんな当たり前のことに気づかされる。

まな板の上に魚をのせると職人たちの表情は引き締まる。売る人も買う人も魚の状態を瞬時に見極め、値段に納得すれば交渉成立だ。そこにはまだコンピュータの入る余地はなさそうで、世界に類を見ない築地市場の特徴があると思う。

私は二〇一二年から四年余り築地に通い、消えゆく河岸を見続けてきた。本書の写真はその日々の個人的記録でもある。

取材中は、ほんとうに多くの市場人と出会い、仲良くしていただいた。忙しい時に店内をうろついたり、質問に丁寧に答えてもらったり、大変なご迷惑をおかけしたことと思う。

『石金』さん、『大萬』さん、『高徳』さん、『佃伊之』さん、『西誠』さん、『富士恭』さん、『山治』さん……名前を挙げだすときりがなくなりそうなので失礼しますが、仲卸店舗の皆さん、ほんとうにありがとうございました。この場を借りて心より御礼申し上げます。

さいとう　さだちか

(上)歳末はアルバイト店員も多くなる。(下)年賀状の投函を待つ場内のポスト。後ろは観光客の行列。

(上)暮れはタラバガニを扱う店もかき入れ時だ。(下)物流も増え、臨時の宅配便受付所ができる。

魚河岸400年の歩み

1590年（天正18）	徳川家康江戸入国にともない森孫右衛門と一族が初めて江戸に入る
1601年（慶長 6）	森孫右衛門の長男九左衛門が江戸城近くの道三河岸に魚店を開く
07年（〃 12）	日本橋本小田原町が市場区域となる（魚河岸の誕生）
14年（〃 19）	大坂夏の陣への参加で孫右衛門一族に軍功あり
16年（元和 2）	大和桜井から大和屋助五郎が本小田原町に移住して魚店を開く
30年（寛永 7）	孫右衛門一族が後の佃島となる鉄砲洲沖の干潟百間を拝領する
44年（正保元）	最初の市場業務規定となる魚河岸法式書がつくられる／佃島が造成なる
62年（寛文 2）	明暦大火後に開かれた南小田原町（築地）の町人地が日本橋魚問屋に下賜される
1703年（元禄16）	相模トラフの巨大地震による大津波で房州、相州の浜に大被害
08年（宝永 5）	魚河岸の仲買人に鑑札が交付される
20年（享保 3）	浦賀奉行所新設。江戸内海の生魚船通航許可権が魚河岸に一任される（印鑑問屋制度）
（享保の頃）	魚河岸の問屋定数が347人に定められる
40年（元文 5）	大和屋助五郎、幕府より朱印を賜り、権勢の絶頂に
46年（延享 3）	幕府への納魚不始末により代々大和屋助五郎は失脚
51年（宝暦元）	納魚不始末により孫右衛門ゆかりの魚問屋が次々に断罪される
92年（寛政 4）	四日市町に魚役所設置。魚問屋の自主的納魚を廃し、幕府役人による直買制度はじまる
1815年（文化12）	魚の取り立てをめぐり魚役所との紛争が生じる（建継事件）。問屋四名が拘引され翌年牢死
19年（文政 2）	魚役所からの尋問によって、江戸前海の荷引範囲が決まる（江戸前の範囲決定）
32年（天保 3）	市場内の棒手茶屋に鑑札が交付される
41年（天保12）	天保の改革による諸問屋制廃止によって、日本橋魚問屋も打撃を受ける
58年（安政 5）	深川・築地市場との紛争が勃発、町奉行裁定で両市場は翌年魚河岸に編入される
63年（文久 3）	三井呉服店の出火で市場区域が類焼、同店より見舞金1万5千両を拝借する
68年（慶応 4）	官軍の江戸総攻撃に備えて、魚河岸に江戸防衛軍が組織される／魚役所廃止（納魚おわる）
明治3年（1870）	11月 魚役所跡に郵便役所（現日本橋郵便局）が設置される

明治4年（1871）	6月 浦賀奉行所廃止され印鑑問屋制度おわる（魚河岸の産地支配おわる）
5年（1872）	11月 市場区域に衝立が設けられ、日本橋通りにはみ出しての市立てが禁止される
8年（1875）	7月 市場税制が決まり、売上高の100分の1の課税がはじまる
13年（1880）	1月 日本橋魚市場仲買組合設立
13～14年（80-81）	深川、大森、不入斗、築地の各市場に開設認可が下りる
21年（1888）	東京市区改正条例公布され、日本橋魚河岸の移転問題が起こる
22年（1889）	警視総監、東京府知事連名により魚河岸に対し10カ年以内に指定地への移転を命じる
29年（1896）	魚河岸の監督権が警視庁に移り、市場移転問題が再燃、さらに10カ年の移転延長講じる
36年（1903）	魚市場移転廃止案が市会通過し、市場内の移転・非移転の論争が激化する
40年（1907）	8月 魚河岸に初めて冷蔵庫（帝国冷蔵庫株式会社）ができる
大正 6年（1917）	9月 暴利を目的とする物品の売買取締に関する政令公布される
7年（1918）	8月 富山県の漁村の主婦連よる米騒動が起こる
8年（1919）	7月 米騒動に鑑み、公設市場その他都市政策実施に関する建議が市会で可決
11年（1922）	10月 コレラ流行で東京湾に禁漁令が出され、魚河岸は自主休業におちいる
12年（1923）	3月 中央卸売市場法公布
	9月1日 関東大震災により市場区域全焼、17日に芝浦にテント張りの臨時市場を開設
	12月1日 臨時措置により築地に移転し、東京魚市場として開設、翌日より営業
昭和 3年（1928）	11月 板舟権問題で市場業者の贈った賄賂が発覚、多数の市議が検挙される（板舟疑獄事件）
7年（1932）	8月 氷販売に端を発した市場組合と買出人組合の紛議が起こる（第1回不買争議）
8年（1933）	12月 築地市場本場建設工事完了、13日に竣工式を挙行
9年（1934）	12月 魚市場株式会社設立、旧日本橋魚問屋は業務実績等の査定（老舗料）により補償金を受け取り、同社で卸売人となる者、仲買人となる者にわかれる

❶店舗もしばしの休息。❷駐車場の広さにあらためて驚く。❸場内の食堂街もお休みとなる。❹通路もガランとしている。

日曜祝日と月1～2回の水曜日は市場全体が休みで『休市』と呼ばれる。人も魚も消え、別世界に来たようだ。

4 3

昭和10年（1935）	2月11日築地市場正式業務開始、ただし水産部は卸売会社への業者収容をめぐり入場拒否
11年（1936）	9月 卸売会社は一社か複数社かで紛糾（単複問題）、不買運動に発展（第2回不買争議）
17年（1942）	2月 水産物の配給統制始まる
19年（1944）	7月 水産物部は東京水産物統制会社設立
20年（1945）	12月 青果部仲卸店舗がＧＨＱに接収、翌1月には場内駐車場も接収される
21年（1946）	9月 統制会社令廃止、これを機に徐々に統制撤廃へと向かう
25年（1951）	6月 水産物仲買人制度復活、翌年にかけて築地市場だけで1647名が業務開始
29年（1954）	3月 ビキニ環礁で被爆したマグロが築地に入荷、同日中に埋没処理される（原爆マグロ）
36年（1961）	6月 毎週日曜日が休市日となる
44年（1969）	東京都、築地本場の品川区大井地区への移転を策定
46年（1971）	4月 卸売市場法公布、セリ原則の緩和や附属的な仲買人が仲卸業者として認可される
60年（1985）	11月 築地本願寺で築地市場水産5団体が大井への市場移転反対の総決起集会を開く
61年（1986）	3月 築地市場の大井移転断念を受けて、築地市場再整備推進委員会が設置される
63年（1988）	築地市場再整備基本計画が策定、ローリング方式による市場建て替えが決まる
平成2年（1990）	9月 35年ぶりに魚河岸水神祭の大祭が挙行される
3年（1991）	築地市場再整備工事始まる
10年（1998）	再整備工事中断、市場内で移転論議が盛んとなる
13年（2001）	東京都、築地市場の豊洲地区への移転を決定
16年（2004）	東京都、豊洲新市場基本計画を公表
26年（2014）	2016年11月の豊洲新市場開場が決定する

築地市場〈概要〉

◎所在地　東京都中央区築地5丁目2番1号

◎開場　昭和10年2月11日

◎市場敷地面積　23万836㎡

◎取扱品目　水産物・青果物・つけ物・鳥卵

◎年間取扱数量（平成26年実績）

水産物　45万2415トン（1676トン/日）

青果物　29万2462トン（1095トン/日）

◎年間取扱金額（平成26年実績）

水産物　4350億2300万円（16億1100万円/日）

青果物　863億6200万円（３億2300万円/日）

◎１日の入場人員（平成14年11月調査）

４万1964人（市場勤務者１万4089人　買出人等２万7875人）

◎１日の入場車両（平成17年９月調査）

１万8657台

◎ターレット車台数（平成26年度末）　2131台

◎東京都受付見学者数（平成26年）

１万665人（一般8463人　外国人725人　小学生1477人）

◎付帯施設

駐車可能台数　約4710台

冷蔵収容能力　水産関係約２万860トン　青果関係約1100トン

製氷設備　180トン/日

◎関係業者数（平成27年４月現在）

卸売業者　水産部７社　青果部３社

仲卸業者　水産部638業者　青果部103業者

売買参加者　水産部293業者　青果部653業者

滝八

石畳に耳をすますと、いつもの喧噪が聞こえてくる気がする。

〈参考文献〉

川井新之助著『日本橋魚市場沿革紀要』明治22年(日本橋魚会)
『東京市中央卸賣売市場・築地本場・建築圖集』昭和9年(東京市役所)
『東京都中央卸売市場史・上下巻』昭和33年(東京都)
魚河岸百年編纂委員会『魚河岸百年』昭和43年(日刊食料新聞社)
岡本信男・木戸憲成著『日本橋魚市場の歴史』昭和60年(水産社)
日本農業市場学会編『現代卸売市場論』平成11年(筑摩書房)
『築地場外市場いまむかし』平成20年(築地食のまちづくり協議会)

さいとうさだちか・写真

1946年東京生まれ。写真家。自動車、オートバイ、ジェット戦闘機などの分野で活躍を続けてきたが、河岸の文化に魅せられ、2012年から築地市場の撮影を開始する。市場の時間に合わせるために住まいも勝どきに移し、活きのいい市場人と魚を撮り続けている。撮影した作品は『サンデー毎日』『GQ JAPAN』などの雑誌でも発表している。共著『テストパイロットインジャパン』(鳴海章・枻出版)。

冨岡一成・文
(とみおか かずなり)

1962年東京生まれ。博物館の文化財保護調査員を経て15年間築地市場に勤務。「河岸の気風」に惹かれ、聞き取り調査をはじめる。このときの人との出会いからフィールドワークの醍醐味を知る。実は子どもの頃から生魚が苦手なのに河岸に入ってしまい、少し後悔したが、その後魚好きになったときには辞めていたのでさらに後悔した。江戸や魚の文化史的な著述が多い。近著『江戸前魚食大全—日本人がとてつもなくうまい魚料理にたどりつくまで—』(草思社)。

築地の記憶　人より魚がエライまち

二〇一六年五月一〇日　初版第一刷発行

著　者――冨岡一成・文
さいとうさだちか・写真
発行者――木内洋育
装丁・本文デザイン――根田大輔
編集担当――熊谷　満
発行所――株式会社　旬報社
〒一一二-〇〇一五
東京都文京区目白台二-一四-一三
電話（営業）〇三-三九四三-九九一一
http://www.junposha.com/
印刷・製本――中央精版印刷株式会社

ISBN 978-4-8451-1460-3